Movements in Green

Conceptual Landscape Gardening

Conceptuele tuinarchitectuur

Text Tekst: Arend Jan van der Horst | Photography Fotografie: Cees Roelofs | Design Vormgeving: De Heeren van Vonder

TERRA

ARCHITECTURAL GARDENS ARCHITECTONISCHE TUINEN

ROMANTIC GARDENS ROMANTISCHE TUINEN

SPIRITUAL GARDENS SPIRITUELE TUINEN

CLASSICAL GARDENS · KLASSIEKE TUINEN · NATURAL GARDENS · LANDELIJKE TUINEN

Contents

Inhoud

Foreword

Just like writing an autobiography, putting together a book about gardens you have designed requires careful thought about what to include (and what to leave out). In this case I decided to present only new gardens that have mostly been laid in the last ten years. Many of the hundreds of gardens that were created over a decade ago have already been covered in my other books. In this way, I hope to be able to add a new piece to the picture for those loyal readers who have amassed a collection of my books over the years. Whilst the downside of this decision is that this book only presents a relatively short period of creativity, the upside is that there is a common thread running through it.

I remain fascinated by the relationship between the garden and the existing architecture. Will the garden be designed as an extension of the architecture or rather in contrast to it? I also continue to enjoy working together with my clients to create something that suits them. In this sense every new garden is a wonderful adventure on which the support of an enthusiastic bureau is just as essential as the skills of a professional gardener.

My bureau

When I started my own landscape architecture bureau, I soon discovered how important it was to surround oneself with inspiring people. We worked with just such a team of people in Amsterdam, co-ordinated by our no-nonsense but amiable secretary, Riquette Guepin.

In all my years spent creating garden designs and planting schemes, many good designers have assisted me at my landscape architecture bureau. Even to this day, we remain a small team of tremendously enthusiastic professionals who enjoy nothing better than creating wonderful gardens at various locations across Europe.

Net als bij het schrijven van een autobiografie kan er bij het vertellen over zelf ontworpen tuinen een weldoordachte selectie worden gemaakt. Gekozen is voor het presenteren van nieuwe tuinen, die deels 1 tot 10 jaar geleden werden aangelegd. De vele honderden creaties die daarvóór ontstonden, staan in boeken die ik reeds eerder publiceerde. Voor de trouwe geïnteresseerde en verzamelaar van mijn boeken ontstaat zo een totaalbeeld. Nadeel van deze keuze is dat hier slechts een relatief korte periode van creativiteit wordt getoond. Voordeel is dat er meer samenhang in te ontwaren is. Blijvend is de fascinatie voor de relatie met de architectuur waar de tuin bij wordt aangelegd. Wordt het een voorzetting daarvan of juist een contrast? Blijvend is ook het plezier om samen met de opdrachtgevers iets te creëren dat bij hen past. Dan is iedere nieuwe tuin een heerlijk avontuur waarbij behalve de hovenier ook de steun van een enthousiast eigen bureau onontbeerlijk is.

Mijn Buro

Toen ik mijn eigen Tuinarchitektenburo Arend Jan van der Horst begon, ontdekte ik al snel dat men zich moet omringen met medewerkers die stimulerend zijn. In Amsterdam was er zo'n vaste ploeg mensen, met een assertieve en toch vriendelijke secretaresse, Riquette Guepin.

Veel goede tekenaars passeerden mijn bureau, waar ikzelf steeds ontwerpen en beplatingplannen bleef maken. Tot op de dag van vandaag bestaat mijn bureau uit een kleine groep professionals die enorm geïnspireerd her en der in Europa prachtige tuinen creëren.

Arend Jan van der Horst

A biographical summary
by Gerritjan Deunk

Born in 1943, Arend Jan van der Horst becomes interested in plants and the natural world around him at a very young age. At just three years old, on hearing his parents talking about a lilac tree in the garden which is becoming too big, never flowers and hence has to go, he doesn't think twice about raiding his piggy bank for 1 Dutch guilder in order to purchase the doomed bush. He nurtures the lilac tree in what would later turn out to be his first garden: a narrow strip of ground next to the neat lawn and the customary washing line. With fertiliser supplied by the chickens kept by Arend Jan's older brother, four years his senior, the lilac tree expresses its gratitude by flowering extensively for many years afterwards.

Mr. and Mrs. van der Horst live in the Dutch town of Barneveld in the Veluwe, in a nice house in a simple white-collar neighbourhood. The interior of the house is unusual – from the ground floor you can look right up into the rafters. The couple had been immediately enthusiastic when Hamdorf, the architect, had shown them his Arts and Crafts-inspired design for their house on a scale model. The decor is surprisingly colourful, in stark contrast to the greyness of the neighbourhood outside – an area slightly beneath the local village doctor, who was in those days of similar standing to the village bigwigs such as the mayor, the lawyer and the vicar.

Mr. van der Horst enjoys gardening and Mrs. van der Horst is busy across the street in the field they purchased to prevent the land being built on. The house's garden is designed by Mien Ruys and it is here that Arend Jan tends to his own small but perfectly-maintained garden. Arend Jan's plants are 'picked up' along the way – he plants marigold and camomile, as well as wild strawberry, wild sedges (*Cyperaceae)* and Carpet bugle *(Ajuga)*. It soon emerges that he has a nose for business: he generates his first profit from gardening by making and selling wreaths made from dried flowers from his garden.

The family members are avid readers of the magazine *Onze Eigen Tuin* ('Our Own Garden'). They order plants from the Moerheim Nursery, visiting the model gardens whenever they can. At the peak of their fame at that time, the Ruys family of designers forms a tightknit clan: father Bonne and his daughters Mien, Mieke and Ina. There's also a son, Theo, and another daughter known to Arend Jan only by her nickname 'The Professor'.
Later, while studying landscape architecture, Arend Jan re-creates the paths and borders of Mien Ruys's design down into straight lines. He also plants *Buxus* hedges, the first of many to follow.

Primary school is not really a milestone in Arend Jan's life. His mother is not happy with the Juliana school in Barneveld – it is not challenging enough for her son and he is picking up the local Veluwe accent from his friends. After three years Arend Jan moves to the ANVR primary school in Amersfoort.

Arend Jan's interest in plants grows gradually, out of fun and natural curiosity. When picking Greater celandine the brown sap drips onto a wart on his finger. He notices that this has a healing effect, thus experiencing at first hand what many botanists only know from books.

At the age of fourteen Arend Jan realises that he wants to be a gardener – a sudden revelation that hits him when, while staying with the Erdmann family at their Terra Nova estate on the River Vecht near Utrecht, they attend an auction of garden ornaments. Leaving the dike and heading into the polder, the long approach, the ponds, sculptures and benches... it's like he's

Arend Jan van der Horst

Een biografische schets door Gerritjan Deunk

De in 1943 geboren Arend Jan van der Horst is al op jonge leeftijd geïnteresseerd in de planten in de natuur om hem heen. Als hij drie jaar oud is en zijn ouders hoort praten over een sering in de tuin die te groot wordt, nooit bloeit en dus moet verdwijnen, keert hij zonder aarzeling zijn spaarpot om en koopt voor 1 gulden de bedreigde struik. Hij koestert de sering in wat later zijn eerste tuintje wordt: een smal stukje grond naast het gemaaide gazon en de traditionele waslijn. De sering bloeit uit dankbaarheid jarenlang uitbundig. De bemesting komt van de kippen van Arend Jans vier jaar oudere broer.

Vader en moeder Van der Horst bewonen in het Veluwse Barneveld een fraai huis in een eenvoudige ambtenarenbuurt. Het huis is bijzonder, binnen kijk je vanaf beneden omhoog tot in de nok. Toen architect Hamdorf zijn ontwerp voor het huis in de vorm van een kleimodel aan het echtpaar liet zien, waren ze onmiddellijk enthousiast over het door Arts and Crafts geïnspireerde bouwwerk. Van binnen is de woning opvallend kleurrijk, geheel in contrast met de grijze buurt buiten. Een buurt die lichtelijk beneden de stand is van de praktiserend dorpsarts, die destijds naast de burgemeester, notaris en dominee een van de dorpsnotabelen was.

Vader Van der Horst tuiniert graag en moeder is doende aan de overkant, waar een veld is aangekocht om bebouwing te voorkomen. De tuin bij het huis is ontworpen door Mien Ruys. Hierin bevindt zich Arend Jans kleine, perfect onderhouden tuintje. Arend Jan verzamelt zijn planten 'natuurlijk' links en rechts in de omgeving. Hij plant goudsbloem en kamille, maar ook wilde bosaardbei, wilde zegge en zenegroen *(Ajuga)*. Zijn zakentalent komt al vroeg boven: de droogbloemen uit de tuin worden verwerkt in kransen en verkocht en vormen zo zijn eerste inkomen uit de tuin.

Het tijdschrift *Onze Eigen Tuin* valt bij de familie Van der Horst regelmatig op de deurmat. Planten worden besteld bij kwekerij Moerheim, waar de modeltuinen worden bezocht zodra ze hun bestelling ophalen. De Ruysen zijn dan op het hoogtepunt van hun roem en vormen een hechte familieclan: vader Bonne en de dochters Mien, Mieke en Ina. Er is nog een zoon Theo en een dochter, die Arend Jan alleen kent onder haar bijnaam: De Professor. Later, tijdens zijn studie tuinarchitectuur, stelt Arend Jan de paden en borders van het Mien Ruys-ontwerp één voor één haaks bij. Bovendien plant hij *Buxus*-haagjes, de eerste van vele die nog zullen volgen.

De lagere school is niet echt een mijlpaal in het leven van Arend Jan. De Julianaschool in Barneveld valt bij moeder niet erg in de

smaak: het niveau is te laag en haar zoon pikt het Veluws dialect op van zijn schoolvriendjes. Na drie klassen wordt Arend Jan overgeplaatst naar de ANVR lagere school in Amersfoort.

Arend Jans belangstelling voor planten ontstaat spelenderwijs. Stinkende gouwe wordt geplukt en het bruine sap loopt over de wrat op Arend Jans vinger. Hij leert dat dit heel heilzaam werkt. Zo ervaart hij proefondervindelijk dat botanici gelijk hebben.

Veertien jaar is Arend Jan als hij beseft dat hij tuinman wil worden. Dat gevoel overvalt hem bij de familie Erdmann op het landgoed Terra Nova aan de Utrechtse Vecht. Met zijn ouders bezoekt hij daar een veiling van tuinornamenten. De lange entree, vanaf een dijkje de polder in, voelt als het binnenlopen in een sprookjes- wereld met vijvers, beelden en bankjes. De jonge Arend Jan beseft helder dat je aan de bestaande omgeving van land en water toevoegingen kunt doen die een absoluut gevoel van extra schoonheid opleveren. En hij weet: ik wil tuinman worden!

In de jaren zestig bezoekt Arend Jan de middelbare school in Amersfoort. Hij ontmoet er nieuwe leerlingen en Nico Haas- broek, de latere VPRO-man, wordt één van zijn kameraden. In die periode twijfelt Arend Jan een tijdje over wat hij worden wil: kunstschilder of toch tuinman. Hij realiseert zich dat samen- werken met mensen voor hem essentieel is in het dagelijks leven en kiest 'tuinman'. Uiteindelijk is dit ook een soort schilderen, maar dan met planten.

Na de middelbare school volgt Arend Jan de studie boomkwe- ker, een degelijke opleiding met veel aandacht voor architectuur en stedenbouw. Historisch perspectief ontbreekt echter geheel, het vak tuingeschiedenis bestaat niet. Veel vakken bevallen hem niet; de saaie uren wiskunde en staatshuishouding geven aan- leiding tot veel spijbelen. Hele middagen brengt hij door in het Oudheidkundig Museum in Leiden, waar de motieven op de sarcofagen hem meer boeien dan zijn studie. Verder weg lokken stille zalen in het Boijmans van Beuningen of gaat hij op in al het moois dat het Stedelijk Museum in Amsterdam te bieden heeft. Deze liefhebberij is tot op vandaag blijven bestaan. Overal waar Arend Jan komt, trekt hij tijd uit voor museumbezoek. In het Topkapi in Istanbul, Chania op Kreta of in Kyoto, Japan, is altijd meer te zien dan in welke naburige tuin ook.

Als vervolg op zijn studie boomkweker volgt Arend Jan tussen 1968 en 1971 in Boskoop de HOTA, de hogere opleiding tot tuinarchitect. Hij leert er een nieuwe kring mensen kennen. Hij herkent het groepsproces van braniescheppers en gangmakers, en ergert zich aan zoontjes van rijke kwekers. Joop Braam leert

entering a magical kingdom. Young Arend Jan realises at that point that by simply adding to the existing surroundings of land and water, you can create something immensely powerful and beautiful. And one thing he knows for sure – I want to be a gardener!

Arend Jan attends high school in Amersfoort in the sixties where he makes new friends including Nico Haasbroek, who later goes on to work for the VPRO. During this time Arend Jan considers becoming an artist instead of a gardener. After a period of self reflection he realises that he really needs regular contact with other people and so he decides on 'gardener' – which is also an artist of sorts, just with plants.

On leaving school Arend Jan studies to be an arborist, a respectable course including consi- derable coverage of architecture and town planning. However there is no question of things being looked at in historical perspective – there's no such subject as 'the history of gardens'. He finds much of his course boring, such as mathematics and macro economics, so he skips a lot of classes. He spends many afternoons in the Oudheidkundig Museum (The Dutch National Museum of Antiquities) in Leiden, finding the carvings on the sarcophagi much more interest-

ing than his lessons, and immersing himself in the exhibits at the Boijmans van Beuningen in Rotterdam or the Stedelijk Museum in Amsterdam.
This passion for museums remains even today. Wherever in the world Arend Jan may be, he always makes time to visit a museum – the Topkapi Palace in Istanbul, Chania on the island of Crete or Kyoto in Japan all offer so much more to look at than any garden ever could.

Following on from his studies in arboriculture, Arend Jan studies for the HOTA (advanced degree in landscape architecture) in Boskoop from 1968 to 1971 and is thrust into a new social group. The sons of rich horticulturists annoy him and he loathes their pack behaviour with so many of them vying for dominance. At that time he strikes up a friendship with Joop Braam, who was later to become a well-known horticulturist and tree surgeon. Arend Jan soon realises that cultivating trees is a lonely job, and he could not think of anything worse than ending up surrounded by nothing but trees in some far-flung corner of Drenthe. No, he much prefers the interaction of a group, the collaboration, the social aspect of landscape architecture.

Arend Jan applies to Roberto Burle Marx for a work experience placement – any chance he could spend a few months at his company in Rio de Janeiro? Unfortunately he receives a rejection letter from Brazil – internships are still fairly unusual outside of Europe in 1965. But when the young architect Arend Jan joins the potager at Versailles as an intern in 1970, he finally gets all the historical perspective he has so yearned for.
The same can be said for the years from 1971 to 1986 while he's working at Mien Ruys's bureau on the Amstel river in Amsterdam. During this period Arend Jan learns a lot about Amsterdam and about himself. Wouter Fens allows him to dabble in interior design to see whether that could be an extra string to his bow.

Mien Ruys gives Arend Jan all the scope he needs for his own development. As well as designing gardens and planting schemes, he writes his first articles for the magazine *Onze Eigen Tuin* ('Our Own Garden'). Theo Moussault, Mien Ruys's companion, has advised her to look for a suitable modern medium in which to publicise her ideas about garden design more widely. She creates *Onze Eigen Tuin*, printed in newspaper format (black and white with a green spot colour) – restrained and no-nonsense, just like Mien herself. The articles are well received by the readers and a broad cross-section of society is introduced to Mien and her gardening tips. Her knowledge and advice about colours, seasons, types of soil, sun and shade becomes accessible to everyone at that point, even for people with only a small garden. Theo asks Arend Jan to write some articles, covering all aspects of gardening, past and present. Arend Jan enjoys learning about gardening history and drawing parallels between then and now and he often includes these ideas in his articles. In one edition of *Onze Eigen Tuin* looking at the topic of geometry he introduces the rounded shapes of Roberto Burle Marx. In all Arend Jan spends 15 hard-working years – writing and designing – at Mien Ruys's bureau. Arend Jan is in search of the synthesis of rounded forms and angular shapes and is not afraid to try something new.

In 1979 he is offered the chance to produce a book – *Een tuin voor jezelf* ('A Garden Of Your Own') – presenting a selection of his own garden designs. Artist Henk Gerritsen, who would later become designer of the Priona Gardens, sketches the book's finely detailed garden plans. When the book is published later that year, not only is it a resounding success in publishing terms but it also comes as a complete surprise to his colleagues at Mien Ruys's bureau. They view his activities as a dissident break-away. In contrast Arend Jan has enjoyed the process tremendously and in 1980 he leaves Mien Ruys to set up his own bureau. Inspired by his initial success he goes on to write more gardening books and organises the first of many gardening study-trips together with his partner Gerard Rakers. He regularly has ideas for new projects including setting up foundations, unusual destinations for trips, books on various aspects of the garden and his own gallery.

hij kennen als een sociaal beest. Later wordt Joop een bekend kweker en boomchirurg. Arend Jan merkt al snel op dat bomen kweken een eenzaam beroep is. En hij wil absoluut niet eindigen in een verlaten uithoek van Drenthe met alleen bomen om zich heen. Het samenwerken, het groepsproces, het sociale aspect van tuinarchitect prefereert hij veruit.

Arend Jan schrijft een stagebrief aan Roberto Burle Marx: of hij niet op diens bureau in Rio de Janeiro mag werken. Helaas, er komt uit Zuid-Amerika een afwijzend antwoord. In 1965 is het nog ongebruikelijk om buiten Europa stage te lopen. Als Arend Jan als jonge architect in 1970 stage loopt in de potager van Versailles, krijgt hij volop het historische perspectief aangereikt dat hem zo boeit.
Bij Buro Mien Ruys aan de Amsterdamse Amstel, van 1971 tot 1986 , is dit ook het geval. In die periode leert de jonge Arend Jan zichzelf én Amsterdam kennen. Via Wouter Fens zoekt hij nog uit of binnenhuisarchitectuur misschien een extra bijvak is. Uiteindelijk vindt hij het beroep toch te solistisch.

Bij Mien Ruys krijgt Arend Jan alle ruimte om zich te ontwikkelen. Naast het ontwerpen van tuinen en beplantingen produceert hij zijn eerste artikelen voor *Onze Eigen Tuin*. Theo Moussault, de levensgezel van Mien Ruys, heeft haar namelijk geadviseerd om haar ideeën over tuinaanleg breed te publiceren in een geschikt, eigentijds medium. Dit wordt *Onze Eigen Tuin*, dat in dagbladformaat verschijnt, gedrukt in zwart-wit met een groene steunkleur. Sober en no-nonsense, zoals dat bij de rode Mien past. De publicaties blijken bij de lezers goed aan te slaan. Een brede laag van de bevolking maakt voor het eerst kennis met Miens adviezen voor beplantingen. Haar kennis van kleur, seizoen, grondsoort, schaduw en droogte zijn vanaf dat moment ook beschikbaar voor mensen met een kleine tuin. Theo vraagt Arend Jan enkele artikelen over moderne tuinen en groene geschiedenis te schrijven. Arend Jan buigt zich vervolgens over de historie en leert verbanden zien tussen het verleden en nu. Ook hierover schrijft hij. In een nummer van *Onze Eigen Tuin* waarin geometrie het thema is, introduceert hij de afgeronde vormen van Roberto Burle Marx.
Er volgen bij Buro Mien Ruys vijftien jaar van intensief schrijven én ontwerpen. Arend Jan zoekt de synthese van ronde en hoekige vormen en probeert vernieuwend te zijn.

In 1979 krijgt hij de mogelijkheid om een boekje te maken: *Een tuin voor jezelf*, met een keur van zijn eigen tuinontwerpen. Tekenaar Henk Gerritsen, later ontwerper van de Prionatuinen, schetst voor dit boek gedetailleerde plattegronden. Het boek verschijnt nog datzelfde jaar en is behalve een publicitair succes ook een complete verrassing voor zijn collega's van het Buro. Ze ervaren het boek als een dissidente afsplitsing. Arend Jan daarentegen bevalt het uitermate goed en hij vertrekt in 1980 bij Buro Mien Ruys om zijn eigen Buro te starten. Gestimuleerd door het succes schrijft hij meer tuinboeken en organiseert samen met zijn partner Gerard Rakers zijn eerste eigen tuinreis, waarna er vele volgen. Initiatieven en ideeën blijven opborrelen, voor stichtingen, tuinreizen, groenboeken en een eigen galerie.

Architectural
gardens
Architectonische tuinen

The role of architecture

In former times the outdoor space would be designed by the architect of the house. This
created a feeling of unity that was so inspiring that this tradition continued for centuries –
the design of the garden was an extension of the house's architecture. Fortunately this
tradition was broken by the English landscape style which originated in England in the 18th
century. The first masters of this style, William Kent, Lancelot Brown and Charles Bridgeman,
went in search of contrast with the building, no unity. They brought curved lines into
the gardens in the form of ponds, paths and borders.
The 19th century marked yet another change – there was a return to creating unity between
house and garden. But the so-called 'mixed style' emerged for larger spaces – a formal
layout of straight lines creating structure and borders close to the house, and then further
away from the house the garden took on more of a natural landscape with softer lines and
rounded shapes.

De rol van de architectuur

Van oudsher werden buitenruimtes bij gebouwen door de architect van het gebouw
ontworpen. De eenheid die zo ontstond, werkte inspirerend en zo bleef dit eeuwenlang de
gewoonte: de indeling van de tuin vormde een eenheid met de architectuur van het huis.
Gelukkig werd dit doorbroken door de Engelse landschapsstijl, ontstaan in de 18e eeuw in
Engeland. De eerste meesters van deze stijl, William Kent, Lancelot Brown en Charles
Bridgeman, zochten het contrast met het gebouw en juist geen eenheid. Met golvende lijnen
voorzagen zij de gebouwen van vijvers, paden en beplantingen.
In de 19e eeuw kwam er een kentering: men keerde terug naar de eenheid tussen gebouw
en tuin. Maar voor grote terreinen koos men de zogenaamde 'gemende stijl': in de buurt van
het gebouw koos men voor een formele lijnvoering voor indeling en beplanting, daarbuiten
werd een landschappelijker wereld aangelegd met natuurlijke vormen en lijnen.

Architectural
gardens

The architectural garden

Unity between the house and the garden has been a recurring theme over the centuries. A more recent development is the completely symmetrical garden by a house that is not necessarily symmetrical. In other words the garden has become the formal element in this case.

20th-century examples

As usual there are certain examples which have had a huge influence on garden owners. Sissinghurst, located in the south of England, became the example of a new style of garden. Two experienced gardeners, Vita Sackville-West and her husband Harold Nicholson, were at the site of a 16th-century mansion, busy clearing trees, brambles and nettles from the area where a few walls and towers were still visible. They inventively re-created the missing walls of the Tudor mansion using *Taxus* hedges and hornbeams, *Carpinus betulus*. They added a twist of romance using roses, perennials and flowering shrubs. They laid a lawn like an expanse of green carpet, ringed by pretty flagstones. Orchards were planted beyond the 'walls' introducing the odd small-flowering climber up against a sturdy fruit tree to create a feeling of romance there too. They designed a couple of hedged gardens beyond the house's walls too, such as the famous spring garden with its huge number of primulas and auriculas beneath the early hazel, *Corylus avellana*.

We cannot fail to mention Munstead Wood, the garden of author, painter and plant legend Gertrude Jekyll. She often worked in partnership with Edwin Lutyens, the architect who extended the architecture of buildings into the garden by mixing elongated curved ponds with the stone pillars of a pergola, for example. He created formal lines using garden walls with unusual patterns of steps – another example of how Edwin Lutyens became one of the best designers of architectural gardens and made his mark on landscape architecture. Carrying her artistic talents into the garden, Gertrude Jekyll added a burst of colour to his formal lines – as if she were painting with plants. Her simple technique, which was new at the time, was to move away from planting in nice neat rows. Her immense knowledge of plants' key characteristics such as colour, height, shape and flowering period enabled her to create endless combinations that worked together perfectly for the desired effect, resulting in for example the famous white, yellow-orange and the pink-purple 'garden rooms'.

Hidcote Manor Gardens is situated in the Cotswolds, that area of rolling hills to the north of Oxford in England that is home to many wonderful castles and country mansions. Hidcote Manor was bought by the veteran Lawrence Johnston, originally presumed dead during the Second World War, who went to live there with his mother. Large kitchen gardens were soon developed in the grounds of the house as well as – interestingly – the first garden rooms enclosed by *Taxus* hedges, beech *(Fagus sylvatica)* and hornbeams *(Carpinus betulus)*. Colour plays an important role here too, in particular in the spectacular completely red garden. Fortunately the large site with its garden rooms, long paths and many lines of vision remains well maintained to this day and is a prime example of a garden from bygone days when personal fortunes where substantial and labour was cheap.

Try this at home

The use of hedges, walls, paths, borders and ponds can make any space 'architectural'. It's a matter of personal taste how the formal lines are filled in. Each garden derives its unique and individual character from the choice of plants and the extent to which the owner opts for a restrained versus romantic style. What really matters is that the garden is structured and

Architectonische
tuinen

De architectonische tuin

Steeds opnieuw grijpt men terug naar het thema eenheid tussen gebouw en buitenruimte. Een recentere ontwikkeling is de volledig symmetrisch aangelegde tuin bij een niet per se symmetrisch huis. De tuin is hier dus het formele element geworden.

Voorbeelden uit de 20e eeuw

Altijd weer zijn er voorbeelden die een grote invloed op tuinbezitters uitoefenen. Zo werd Sissinghurst, in Zuid-Engeland gelegen, hét voorbeeld van een nieuwe tuinstijl. Op de plek van een 16e-eeuws kasteel, waar nog enkele muren en torens overeind stonden, begonnen twee ervaren tuiniers, te weten Vita Sackville West en haar man Harold Nicholson, met het verwijderen van bomen, bramen en brandnetels. De ontbrekende muren van het Tudor-kasteel werden op een geheel eigen wijze teruggebracht door hagen van *Taxus* en haagbeuk, *Carpinus betulus*. Vervolgens werd hier met rozen, vaste planten en bloeiende heesters een nieuwe romantiek aan gegeven. Gras werd gezaaid als groen tapijt omgeven door fraaie flagstone tegels. Buiten de 'muren' kwamen boomgaarden waar vaak tegen een flinke fruitboom een kleinbloemige klimroos werd geplant. Zo ontstond ook daar romantiek. Verder werden ook buiten het 'kasteel' nog enkele met hagen omgeven tuinen aangelegd, zoals de fameuze voorjaarstuin met enorme hoeveelheden primula's en auricula's onder vroeg uitlopende hazelaar, *Corylus avellana*.

Munstead Wood, de tuin van schrijfster, kunstschilderes en plantenlegende Gertrude Jekyll, moet in dit verband ook worden genoemd. Zij werkte graag samen met architect Edwin Lutyens, die de architectuur van gebouwen doortrok in de tuin door bijvoorbeeld lange en ronde vijvers te verbinden met de stenen zuilen van pergola's. Tuinmuren met daarin originele trappen zorgden voor een formele belijning. Edwin Lutyens werd hiermee één van de beste ontwerpers van de architectonische tuin en heeft zijn stempel gedrukt op de tuinarchitectuur. Gertrude Jekyll vulde zijn formele belijning in met kleur. Zij schilderde als een ware kunstenares niet alleen met verf maar ook met planten. Dit bereikte ze door – en dat was nieuw voor die tijd – vaste planten nu eens niet in keurige rijtjes te zetten. Met haar grote kennis van de bovengrondse eigenschappen van de planten, zoals kleur, hoogte, bloeitijd en vorm, maakte ze combinaties die feilloos tot het gewenste totaalbeeld

shaped along architectural lines. This means the architectural use of paths, ponds, pergolas, hedges and trees. Lower-level plants can add a touch of romanticism but that's not compulsory – it's all about creating contrasts between dark and light to achieve a pretty composition which is anything but boring. It requires a certain level of restraint in terms of the colours of flowers and other elements. The more simplistic the better – it is most definitely a matter of 'less is more' in this case.

leidden. In haar tuinen ontstonden zo de fameuze witte, geeloranje en de roze, paarse tuinkamers.
Hidcote Manor Gardens ligt in de 'Cotswolds', het heuvellandschap boven het Engelse Oxford. Hier liggen prachtige kastelen en vooral landhuizen. Eén ervan werd gekocht door de in de Tweede Wereldoorlog dood verklaarde militair Lawrence Johnston, die hier met zijn moeder ging wonen. Al snel ontstonden bij het laag-gelegen huis grote moestuinen en, interessant voor ons, de eerste tuinkamers, die met hagen van *Taxus*, beuk *(Fagus sylvatica)* en haagbeuk *(Carpinus betulus)* werden omgeven. Ook hier tuinen op kleur, waarbij met name de geheel rode tuin bijzonder is. Het grote terrein met tuin-kamers, lange wandelgangen en zichtassen is gelukkig nog steeds goed onderhouden en een voorbeeld van tuinen uit een periode waarin de privé-fortuinen groot waren en het personeel goedkoop.

Lessen om zelf toe te passen

Met hagen, muren, paden, plantstroken en vijvers kan men iedere ruimte architectonisch indelen. Hoe de formele belijning wordt ingevuld, zal voor iedereen anders zijn. In hoeverre men kiest voor een sobere of romantische beplanting zal per tuin verschillen, waardoor die een eigen, persoonlijk karakter krijgt. Waar het echter steeds om gaat, is dat de indeling en ook de ruimtelijke beplantingen architectonisch van vorm zijn. Dus paden, vijvers, pergola's, hagen en bomen horen daarbij, terwijl in de lagere beplantingen een zekere vorm van roman-tiek kan worden geïntroduceerd. Dit hoeft echter niet; het gaat om een fraaie compositie waarbij de afwisseling tussen licht en donker iedere saaiheid wegneemt. Men zal zich moeten beheersen wat kleuren voor bloemen en andere elementen betreft. Hier geldt: hoe soberder het is, des te beter. *Less is more* blijft uitgangspunt.

Garden in Bruntinge
The great outdoors

Many people yearn for lots of wide open space with
enough room for animals, plants and trees. And for
families with children it's the ideal place to grow up –
in touch with nature. This desire has been around for as
long as there have been over-crowded urbanisations.
Even in Roman times wealthy city dwellers escaped the
metropolis whenever they could to savour the peace and
quiet and cool breeze in the coastal areas and they even
built wonderful villas there as we know from various
surviving frescos.
It is often cheaper and easier to buy an old cottage in or
close to a village, preferably with a lot of land, and this is
exactly what the clients in Bruntinge did. They found an
authentic farm although there were very few buildings
– apart from the cottage, there was just a wooden barn
and a small bakery building where the bread, fish and
meat would have been prepared in years gone by.

Tuin te Bruntinge
Het echte buitenleven

Veel mensen dromen over een groot terrein waar ze
dieren, planten en bomen ruim baan kunnen geven.
Als er kinderen zijn, is het ook voor hen de gedroomde
plek om op te groeien: optimaal in contact met de
natuur. Deze wens is zo oud als er overvolle stedelijke
concentraties zijn. Zo zochten rijke Romeinse stedelingen
al buiten de metropool de rust en koelte van de kust-
gebieden en bouwden er hun fameuze, slechts als
fresco's bewaard gebleven villa's.
Soms is het echter eenvoudiger en goedkoper om een
leegstaand plattelandshuis buiten of in een dorp te ko-
pen, liefst met veel grond erbij. Dit deden de opdrachtgevers in Bruntinge. Zij vonden daar een authentieke
boerenhoeve. Veel gebouwen waren er niet. Slechts een
houten schuur, het boerenhuis en een klein bakhuis waar
vroeger vaak brood, vis en vet vlees werden bereid.

The bakery building

Personally I like to introduce long lines into the garden if the buildings themselves have elongated shapes, so next to the cottage I laid a path of clinkers and grass with a series of blocks of *Buxus* on one side and a herbaceous border of roses in a repeating pattern on the other side. The bakery is the main reference point for all of the lines in this part of the garden, forming a 'sculpture' in the midst of all the greenery.

The approach

The approach was moved to the far-west corner of the front driveway, where a large gravel parking area was created. Where the approach used to be has now become a gorgeous shady spot in the garden, courtesy of the lovely old chestnut tree.

The swimming pool

There was already a beautiful row of old oak trees spanning the width of the house at the back and it felt as if they were leading towards the right-hand part of the garden. I put the swimming pool here together with a large terrace for relaxing and entertaining that includes an outdoor cooking area. The terrace's covering was made of a strong waterproof fabric awning across wooden beams. A tip for other garden owners: an awning is not classed as construction work so does not require a building permit.

Spectacular water feature

Two spectacular ponds create more long lines as a continuation of the roof of the main building. Shade trees were planted at right angles to these ponds, their fresh green canopies providing shade for terraces. The rounded shapes towards the rear, next to the two ponds, are catalpas *(Catalpa bungei)*. Ornamental grasses one can stroll (and look) through add a touch of mystery. All of the perennials and roses here are purple, mauve and pink.

Not all plain sailing

The subsoil can cause problems down the line if potential problems aren't identified and solved before work is started. In Bruntinge a deep layer of loam below the topsoil caused some hindrance which just goes to underline the importance of a soil assessment for any garden. Fortunately we were able to overcome the problems and the garden was completed successfully.

Het bakhuis

Zelf houd ik ervan om lange lijnen in de tuin te introduceren als de gebouwen ook een lange vorm hebben. Naast de boerenhoeve kwamen daarom een klinker- en een graspad met aan de ene zijde een serie *Buxus*-vakken en aan de andere zijde een vasteplantenborder met daarin repeterend rozen. Het bakhuis is in dit tuingedeelte de maat voor alle lijnen en vormt zo een 'sculptuur' tussen het groen.

De entree

De entree werd verlegd naar de uiterste westhoek van het voorterrein, waar met grind een grote parkeerplek werd gecreëerd. Op de plek van de vroegere entree ontstond een prachtige schaduwtuin bij de oude kastanje, die voor deze schaduw zorgt.

Het zwembad

Op het terrein was evenwijdig aan de achtergevel, reeds een prachtige rij oude eiken aanwezig. Hun stammen leiden als vanzelf naar het rechtergedeelte van de tuin. Hier kwam een zwembad met een groot leef-, eet- en zitterras, compleet met buitenkeuken. Boven het terras kwam een dak van stevig, waterdicht doek dat op houten balken ligt. Een idee misschien voor andere tuinbezitters: een afdak van doek valt niet onder bouwwerken en dus is hiervoor geen bouwvergunning nodig.

Spectaculaire watertuin

Lange lijnen vormen ook twee spectaculaire vijvers, die de lengte van het hoofdgebouw voortzetten. Dwars op deze vijvers kwamen dakplatanen met terrassen in de schaduw van hun frisgroene bladerdek. De ronde vormen zijn bolcatalpa's *(Catalpa bungei)*, die daarachter naast de twee vijvers staan. Siergrassen waar men tussendoor loopt (en kijkt), zorgen voor magie. Alle vaste planten en rozen zijn hier paars, purper en roze.

Geen probleemloze tuin

De ondergrond van tuinen kan veel problemen veroorzaken als deze tijdens de aanleg niet goed wordt verbeterd. In Bruntinge lag een diepe leemlaag onder de bovenste laag teelaarde, die voor veel ongemak zorgde. Reden waarom in iedere tuin eerst een bodemonderzoek moet worden gedaan. Ondanks deze tegenvaller werd de tuin toch een succes.

Garden in Middelburg, Belgium

Rhythm and drama

Sometimes the landscape architect will be asked to change an existing garden and the right solution depends very much on the individual situation. Certain elements tend to be used every time, such as water, shrubs to divide the space, an interesting planting scheme, and maybe erecting some kind of structure in the garden – that's the range I usually work with. And that was the case on this project in Belgium, a pretty villa with an enormous lawn to the rear that was certainly in need of a facelift. The garden was on a gentle slope but we changed this, flattening off the first part of the garden directly behind the house. This section was enclosed by a retaining wall. Some steps led down to the second section which had also been flattened off. From an architectural point of view, a pond brought all the elements together. This was laid in the extension of the line of vision from the dining room, with the retaining wall and many tall hedges at right angles to this axis. In this project shapes were the key.

Tuin te Middelburg België

Ritme en drama

Soms wordt aan de tuinarchitect gevraagd een bestaande tuin aan te passen. Per tuin zal dit om verschillende oplossingen vragen. Bepaalde elementen komen echter telkens weer terug, zoals het introduceren van water, hagen die de ruimte verdelen, een interessante beplanting. En wellicht een tuingebouw(tje). Dat is het palet waarmee ik dikwijls werk. Zo ook in een Belgische tuin, waar een enorm grasveld achter een fraaie villa een facelift nodig had. Het terrein liep flauw naar achteren af. Dit werd veranderd door direct achter het huis het eerste tuingedeelte vlak te maken. Dit gedeelte werd afgesloten met een keerwand met daarin een trap die leidde naar het tweede, lager gelegen gedeelte dat eveneens vlak werd gemaakt. Alle genoemde elementen werden in een hecht architectonisch geheel samengebracht met behulp van een vijver als verlengde zichtlijn vanuit de eetkamer, de keermuur dwars op deze lengteas, en veel dwars op de zichtas staande hagen. Vorm werd hier het thema.

The lower-lying second section of the garden was left open to the rear offering a free view to the countryside beyond all except for one part on the right-hand side – a wild flower garden which was already full of wonderful plants, it would have been a shame to dig them up – which was pretty much hidden from view by a hawthorn hedge.

I included three places for flowers: a border by the sitting room, the hidden colourful flower garden already mentioned and, adjacent to the elongated pond, I planted some large squares with lady's-mantles *(Alchemilla mollis)*, *Taxus* cubes and *Buxus* hedges around catalpas to create a sense of rhythm throughout the year with some greenery in the winter.

Het lager gelegen tweede gedeelte bleef open naar het erachter gelegen landschap, met uitzondering van een min of meer verborgen deel aan de rechterzijde. Een meidoornhaag zondert daar een pluktuin af met alle reeds aanwezige vaste planten die te mooi waren om weg te doen.

Voor bloeiende planten kwamen er drie plekken: een border bij de woonkamer, zoals gezegd achter in de tuin een verborgen pluktuin en naast de al eerder genoemde lange vijver grote, vierkante plantvakken gevuld met vrouwenmantels *(Alchemilla mollis)*. *Taxus*-blokken en *Buxus*-haagjes rondom catalpa's zorgen voor ritme en wintergroen.

Garden in Amsterdam

Distinct ponds give shape to the garden

A successful garden design that at one time seemed like it would never come to fruition. How come? During a period of uncertainty for my clients they asked me to hold off on laying the garden I had designed for them. Usually this does not bode well for a project and I feared the worse when nothing happened for the next three years. So imagine my surprise when I found out that they still intended to proceed with the plans – it was a joy to re-visit the design with the clients and to see the plan through to completion.

Tuin te Amsterdam

Strakke vijvers delen de tuin in

Met een tussenpose van drie jaar werd een bijzonder tuinontwerp toch nog gerealiseerd. Want wat was het geval? Een onrustige periode noodzaakte de opdrachtgevers tot uitstel van de realisatie van de door mij ontworpen tuin. 'Van uitstel komt afstel' is helaas een gezegde dat maar al te vaak wordt bewaarheid. Hier echter was het wel degelijk de bedoeling om wat ooit getekend was, alsnog uit te voeren. Ik ervoer het als heel bijzonder en vol enthousiasme bekeek ik met de opdrachtgevers de tuinplannen van weleer.

All's well that ends well

The dining room looks out onto the more or less square garden. I placed one pond in this line of vision. The second pond is next to it although set back somewhat. Around the ponds I used dark grey Chinese slate to lay various terraces on which my fashion-conscious clients have placed wonderful lounge furniture by the designer Piet Boon.

The garage was demolished and replaced by a large shed for storage and provisions that included a temperature-controlled wine cellar. This modern garden in South Amsterdam epitomises the idea of 'outdoor living' and is enjoyed tremendously by the couple as well as their friends and family.

Het ontwerp dat toch werd gerealiseerd

Vanuit de eetkamer kijkt men nu in de min of meer vierkante tuin. Eén vijver is in deze zichtas gesitueerd. De tweede vijver ligt daarnaast, iets terugspringend. Rond de vijvers liggen veel terrassen in donkergrijze Chinese hardsteen, waarop door de modebewuste eigenaren bijzondere loungeachtige tuinmeubels van Piet Boon zijn geplaatst. De garage werd afgebroken, ervoor in de plaats kwamen een ruime schuur en een pantry met een op temperatuur gehouden wijnkast. Daar leeft men met elkaar, en de vele vrienden die mee-genieten van deze moderne tuin in Amsterdam-Zuid.

Details

A large square fountain made of grey natural stone bubbles over, the water flowing along a channel into elongated pond number 2. Unusual shrubs are planted next to this pond – such as the neatly-clipped multi-stemmed *Osmanthus x burkwoodii* that emit a wonderfully sweet scent from the autumn until the spring. Flanking pond number 1 are four-metre-high hornbeams *(Carpinus betulus)* pruned into columns. The column theme is carried on to the terraces using two-metre high evergreen Portugal laurel *(Prunus lusitanica)* – courtesy of the exceptional Belgian horticulturist Solitair – to divide them into several sections.

The same tree nursery supplied the large evergreen holm oaks *(Quercus ilex)* that function as a wonderfully lush screen from the neighbours all year round. The relatively small leaf and the grey-green colour make this type of tree very suitable for a boundary.

Bijzonderheden

Een grote vierkante waterbron van grijze natuursteen stroomt over, het water valt in een goot en komt terecht in de langwerpige vijver nummer 2. Langs deze vijver staan bijzondere struiken: *Osmanthus x burkwoodii*. Rond deze meerstammige, hoog opgesnoeide struiken hangt van het najaar tot en met het voorjaar een heerlijk zoete geur. Langs vijver nummer 1 staan 4 meter hoge, zuilvormig gesnoeide haagbeuken *(Carpinus betulus)*. De terrassen worden in meerdere ruimtes verdeeld door soortgelijke vormen. Hiervoor is de 2 meter hoge wintergroene Portugese laurier *(Prunus lusitanica)*, gekozen. De bomen zijn afkomstig van de bijzondere Belgische kwekerij Solitair.

Van diezelfde boomkwekerij zijn ook de grote wintergroene steeneiken *(Quercus ilex)*. Deze wintergroene, grijze eiken vormen in alle seizoenen een prachtige massa die buurhuizen aan het oog onttrekt. Als omsluitende wand is deze boom aan te raden, omdat het blad relatief klein is en de kleur grijsgroen

1 ponds
    vijvers
2 stone water basin
    watersteen
3 3m tall columns of hornbeams
    (Carpinus betulus)
    3 m hoge zuilen van haagbeuk
    (Carpinus betulus)
4 tall columns of evergreen
    Portugal laurel
    (Prunus lusitanica)
    hoge zuilen van wintergroene
    Portugese laurier
    (Prunus lusitanica)
5 evergreen holm oaks
    (Quercus ilex)
    wintergroene steeneiken
    (Quercus ilex)
6 topiary shapes of evergreen
    Osmanthus x burkwoodii
    opgesnoeide struiken van
    wintergroene *Osmanthus x
    burkwoodii*
7 large *Taxus* spheres
    grote *Taxus*-bollen
8 bamboo
    bamboe
9 lawn
    gras
10 jacuzzi beneath retractable
    wooden decking
    jacuzzi onder een verschuifbaar
    houten terras
11 *Taxus* hedges
    Taxus-hagen
12 white-flowering plants
    witbloeiende planten

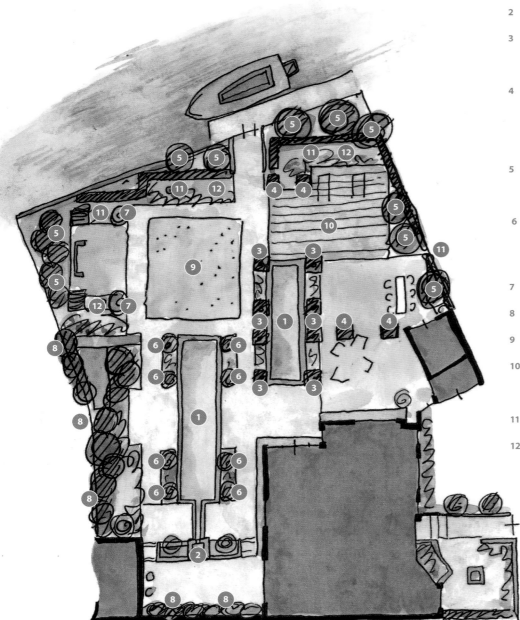

Water is the key in this garden

There's a canal at the bottom of the garden so I integrated it into the design. Several steps lead down to the water where a classic open-topped wooden motorboat is moored invitingly. By highlighting one theme – water – in all its various forms the garden's elements come together to create a modern and cohesive whole.

Water is het thema in deze tuin

Achter de tuin ligt een stadsgracht die geheel geïntegreerd is in het tuinontwerp. Een aantal treden daalt af naar dat bevaarbare water, waar een sloep, dat wil zeggen een fraaie open houten motorboot in klassieke stijl, ligt te wachten. Zo kan één thema, water, in allerlei vormen met elkaar worden verbonden tot een samenhangend, eigentijds geheel.

Garden in Oss
A dream becomes reality

Not everyone is lucky enough to find a ready-made house that lives up to their wildest dreams – in many cases a lot of work is required before a home ticks all the boxes. And the same often goes for the garden. The nice thing about this project was that I was not only asked for my thoughts on how to radically re-design the garden but I was also allowed to give my suggestions for some changes to the house to make the layout both more logical and more interesting.

Tuin te Oss
Een droom komt uit

Niet iedereen treft meteen het droomhuis waarvan hij al jaren heeft gedroomd. Soms moet er eerst flink worden verbouwd voor het bezit aan alle eisen voldoet. En heel vaak moet er ook flink aan de tuin worden gesleuteld, voor die al net zo voldoet. Het aardige bij deze opdracht was dat er niet alleen ingrijpende tuinvoorstellen zijn ge-daan, maar ook suggesties om het huis zo te verbouwen dat het logischer in gebruik én spannender zou zijn.

The garden

In the corner formed by the existing L-shape I designed a pond along the width of the largest rear-facing wall of the house – slightly overshooting it actually. In the large lower-lying garden at the side I placed a second elongated pond and connected the two with a waterfall. The ponds are edged with borders full of purple and pink flowering perennials, roses and ornamental grasses. These plants serve to soften the harsh architectural lines of the ponds. Beneath the existing trees I created a gazebo to be reached via a long inviting path that would tempt everyone, whether resident or visitor, to venture along it. The gazebo provides the perfect place to enjoy open views of the picturesque farmland and the surrounding area.

The approach

The relaxed, countrified atmosphere for the approach was created by designing a small square edged with large lawns by the front door. White roses and perennials added the final touch.

De tuin

Het bestaande huis heeft een L-vorm. In de hoek van deze L-vorm ontwierp ik evenwijdig aan de langste achtergevel een vijver. Deze is zo lang, dat hij zelfs voorbij de gevel 'schiet'. In de grote zijtuin, gelegen op een lager niveau, kwam een tweede lange vijver. Beide vijvers zijn via een waterval met elkaar verbonden. De vijvers zijn omgeven met borders vol purperen en roze bloeiende vaste planten, rozen en siergrassen. Deze planten verzachten de sterke architectonische lijnen van de vijver. Onder reeds aanwezige bomen werd een prieel gebouwd. Hierheen leidt een lang wandelpad, dat iedereen lokt die hier woont of op bezoek is. Vanuit het prieel kan men naar het fraaie boerenland kijken, dat hier nog in ruime mate aanwezig is.

De entree

Door bij de entree veel gras te combineren met een aardig pleintje bij de voordeur ontstond een ontspannen, landelijke sfeer. Veel witbloeiende rozen en vaste planten zorgen voor verfijning.

1   metal entrance gates
    metalen entreepoorten
2   ponds: architectural and natural
    vijvers:
    architectonisch en natuurlijk
3   terraces
    terrassen
4   flowering plants
    bloeiende planten
5   gazebo
    prieel
6   garage
    garage
7   small square by the front door
    pleintje bij voordeur
8   low evergreen hedges
    lage, wintergroene hagen
9   tall evergreen plants
    hoog wintergroen
10 tall groves + solitary trees
    hoge bosschages +
    solitaire bomen
11 views of the open
    countryside
    doorkijken naar het open
    landschap

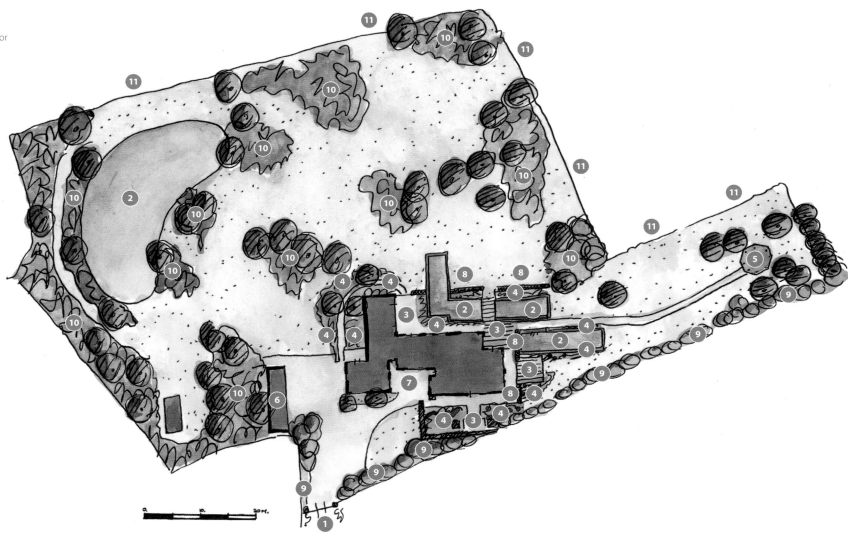

The rear

In order to add a touch of stylish romanticism my clients approached English Heritage to design a new kitchen-diner as well as to build some lovely English wooden garages. Shrubs were planted in part of the large space at the rear to create more privacy and some of the existing plants were removed to give all of the rooms unrestricted views, whether of a natural pond, over an expanse of lawn or out to the farmland beyond.

Step by step a whole new garden emerged. Everyone involved, each with their own area of specialism, worked together to get the best out of this house and garden. The owners played a significant role in the design process and are delighted that their dream has become reality.

De achterzijde

English Heritage werd gevraagd om stijlvolle romantiek te introduceren door met name een nieuwe keuken-eetkamer te ontwerpen en door fraaie Engelse houten garages te bouwen. Het grote achterterrein werd voor een deel dicht beplant omwille van de privacy. Voor een deel ook werd de begroeiing weggehaald om zo vanuit alle kamers fraaie doorzichten te hebben naar een natuurvijver, over weids gras en weer het open boerenland. Zo werd in vele fases een nieuw geheel gesmeed. Alle betrokkenen wisten met hun eigen specialisme het uiterste uit dit terrein en huis te halen. De eigenaren zijn er blij mee en hebben door intensief mee te denken in hun woonomgeving hun droom gerealiseerd.

Garden in Oisterwijk
Turning a disadvantage to your advantage

It once happened to me in Amsterdam – the wide open space behind my canalside house with garden was turned into an apartment block. My initial reaction was to move house but fortunately there were several large trees in my garden that went some way to blocking my view of the new neighbours. But I know how such events can make people feel…

So I wasn't taken aback when the owners of an unusual modern house approached me for help when the construction of a large new villa threatened to spoil their attractive view of the woods. What could they do?

The solution emerged after a period of brainstorming – we constructed a large earthenwall on the boundary line with a wide path on the top of it. Behind the wall (on the neighbours' side) we planted tall evergreen conifers such as *Tsuga*, *Pinus* and *Taxus*. In front of the wall we erected a retaining stonewall with a tall *Taxus* hedge in front of it. In this way we created a green 'buffer' with the added bonus of a secret path along the top which provided a unique view over the house's garden.

Tuin te Oisterwijk
Iets negatiefs wordt positief

Zelf ervoer ik het in Amsterdam, toen de wilde open plek achter mijn grachtenpand met tuin ineens werd volgebouwd met een naar mijn idee veel te hoog flatgebouw. Verhuizen, dacht ik. Gelukkig stonden er een aantal grote bomen in mijn eigen tuin die het zicht op de achterburen enigszins blokkeerden. Ik weet echter wat zo'n buurgebouw teweeg kan brengen…

Verbaasd was ik dan ook niet toen de bewoners van een bijzonder modern huis mij om hulp vroegen toen hun belangrijkste uitzicht geblokkeerd zou worden door een grote, nieuwe villa. Weg, die blik op het fraaie bos. .

Wat te doen? Na enig peinzen kwam al snel de oplossing. Er werd een hoge aarden wal op de grens opgeworpen waar overheen een breed wandelpad kwam. Aan de achterkant (de buurzijde) van deze wal werden hoge wintergroene coniferen zoals *Tsuga*, *Pinus* en *Taxus* geplant. Voor de wal kwam een stenen keermuur met daarvoor een hoge *Taxus*-haag. Zo werd een groene buffer opgericht mét een geheimzinnig nieuw wandelpad. Doordat het pad hoog ligt, biedt het een aardig zicht over de tuin bij het huis.

We created ponds in the garden to suggest depth compensating for the loss of perspective. A semicircular border adds colour whilst some garden ornaments draw the eye deeper into the garden.

Another welcome addition

There was a lot of traffic noise on one side of the property. The owners wanted to build a high wall but the council rejected their plans. Instead I designed a fairly low wall with an elongated pond in front of it. By incorporating freestone blocks in the wall for the water to tumble through, the sound of the water drowned out the noise from the traffic and was much more pleasant to listen to.

Low-level perennials and carefully pruned green elements were used to bring all of the aspects together into a unified whole. Several terraces were created – two by the house and one next to the elongated wall of water – so that people could savour the view of the constant movement of water.

In deze tuin zijn vijvers aangelegd die een grote diepte suggereren, waardoor het verloren perspectief is gecompenseerd. Een halfronde border zorgt voor kleur, terwijl enkele ornamenten de blik naar de diepte 'trekken'.

Nog een welkome oplossing

Aan de zijkant van het perceel was veel verkeerslawaai, zodat werd overwogen om een hoge muur te metselen. Helaas gaf de gemeente hiervoor geen toestemming. Daarom werd er een vrij lage muur gebouwd met daarvoor een lange vijver. In de muur werden hardstenen blokjes gemetseld waaruit water in de vijver valt. Het geklater van dit water overstemt op een plezierige manier het verkeerslawaai.

Alle onderdelen van de tuin werden door middel van lage beplantingen en geschoren groenelementen met elkaar verbonden zòdat een samenhangend geheel ontstond. Diverse terrassen werden aangelegd: twee bij het huis en één bij de lange watermuur, waarvandaan men over het water kan kijken dat altijd in beweging is.

Garden in Axel

Looking back over the years I realise that tastes are constantly evolving with regard to architecture, interior and gardens. It is clear that design decisions are influenced by the fashions at that time. So if a garden is laid out in stages there's a big chance that various tastes or preferences will be included in that garden. And this was the case in Sarina and Piet Meijer-de Feiter's large garden adjacent to their modest white house in Zeeuws-Vlaanderen. The approach was designed first with a long trail of flowers and a neat parking area. Then followed the flower terrace that was framed perfectly by the L-shape buildings around it.

Tuin te Axel
Een strak belijnde bloemenverzameling

Als ik terugkijk, valt me op dat smaken qua architectuur, interieur en tuin veranderen. Kennelijk wordt de keuze bepaald door de smaak op dat moment. Als een tuin in fasen wordt aangelegd, is de kans dus groot dat verschillende smaakvoorkeuren in één tuin worden verwerkt. Zo ook bij Sarina en Piet Meijer-de Feiter, in de grote tuin bij hun bescheiden witte huis in Zeeuws-Vlaanderen. Als eerste ontstond de entree met een lang bloemenpad en een strak parkeerplein. Daarna volgde het bloementerras, dat ideaal door een L-vormige bebouwing is ingesloten.

A trail of flowers at the approach

A unique feeling was created in the space between the road and the house – lots of flowering trees were planted although it was important that they didn't grow too tall. They provided shade for various delicate flowering perennials and all manner of foliage plants such as *Hosta*. There is something in bloom the whole year round starting with winter roses *(Helleborus orientalis)* and finishing with hydrangeas. Some carefully pruned evergreen shapes – *Buxus*, *Taxus* and *Photinia* – keep the garden interesting in the winter months.

The neat parking area

It usually makes sense to allocate the area by the front door to parking space for a couple of cars. Depending on the size of the area required you could lay a lovely cobbled square or you could choose to create an architectural feel by planting unusual combinations of tall pruned shrubs and low hedges. In this case we elected for gravel and a few interesting bushes.

The flower terrace

This is a typical element dating from the 1970s and 1980s whereby flowerbeds are created within the paved area. There is enough room on this particular flower terrace for one or more seating areas in between the lush perennials and the occasional tall rosebush. Larkspurs *(Delphinium)*, *Acanthus*, globe thistles and tall *Phlox* add height to the planting areas which have often been designed as mixed flowerbeds. Evergreen topiary shapes are included to maintain interest in the winter. The flower terrace was edged by a fairly tall beech hedge of approximately 160cm which created a secluded dining area.

Een bloemenpad als entree

De ruimte tussen de openbare weg en het huis werd omgetoverd tot een bijzondere belevenis. Er werden veel bloeiende bomen geplant, die niet te hoog worden. Ze creëren schaduw voor teer bloeiende vaste planten en allerhande bladplanten zoals *Hosta*. Het hele jaar bloeit er wel iets, beginnend met kerstrozen *(Helleborus orientalis)*, en eindigend met hortensia's *(Hydrangea)*. Enkele wintergroene, geknipte vormen zorgen voor een boeiend winterbeeld. Ze zijn gemaakt van *Buxus*, *Taxus* en *Photinia*.

De strakke parkeerplaats

Het is meestal handig om bij de voordeur ruimte te reserveren voor het parkeren van een of twee auto's. Afhankelijk van de noodzakelijke grootte zal men hier echt een plein van maken met bijvoorbeeld mooie kinderkoppen, of ervoor kiezen zo'n parkeerplek met bijzondere gesnoeide hoge en lage hagen een architectonische sfeer te geven. Hier kwamen grind en enkele interessante heesters.

Het bloementerras

Dit is typisch een element uit de jaren zeventig en tachtig van de 20e eeuw, waarbij men tussen tegels plekken openlaat voor vaste planten. Op dit bloementerras is genoeg ruimte voor een of meerdere plekken om te zitten, tussen de weelderige vaste planten en enkele hoge rozenstruiken. Riddersporen *(Delphinium)*, *Acanthus*, kogeldistel en hoge *Phlox* geven hoogte aan de plantvakken, die ook van lagere groepen bloeiende planten zijn voorzien. Wintergroene snoeivormen houden de tuin 's winters levendig. Om het bloementerras kwam een vrij hoge beukenhaag, ± 1,60 m, die er echt een omsloten hof van maakt waar men beschut kan eten en drinken.

The blue garden

As the basis for any project one of the first things I look at is how I can carry the lines of the buildings on into the design of the garden. In this case I took the rear face of the house and used two very long *Taxus* hedges to extend both sides. In front of the hedges I planted two long wide borders for perennials and laid a lawn as a kind of wide path in between. The lady of the house demonstrated her extensive knowledge and good taste, planting these two borders with blue flowering plants which have exploded into an astonishing mass of colour.

The water garden

Not so long ago the owners – who maintain the garden themselves – sold off a substantial part of the garden to reduce the amount of work somewhat. This necessitated some changes since their lovely pond suddenly belonged to the new owner. I designed water again, this time in the form of two ponds, with a gazebo placed on a terrace in the centre, from where there's a gorgeous view across the water to the sensational mix of plants beyond.

De blauwe tuin

Eén van mijn eerste uitgangspunten is het altijd te proberen om de lijnen van de gebouwen terug te laten komen in de vormgeving van de tuin. Zo nam ik hier de kopse kant van het woonhuis, trok de twee zijkanten van het huis door in twee hele lange *Taxus*-hagen. Hiervóór kwamen twee lage, brede vasteplantenborders. Gras ligt hier als breed pad tussenin. Dankzij de grote kennis en smaak van de vrouw des huizes zijn deze twee borders gevuld met vooral blauw bloeiende vaste planten die tot wolkachtige kleurverrassing zijn uitgegroeid.

De vijvertuin

Recent werd een groot deel van de tuin afgestoten, onder meer omdat het een te bewerkelijk geheel was geworden voor de eigenaren, die alles zelf onderhouden. Er moest een rigoureuze aanpassing komen, want de fraaie vijver lag ineens in het verkochte gedeelte. Ik ontwierp opnieuw water, nu in de vorm van twee vijvers met in het midden een terras met een prieel. Daar zittend kijkt men prachtig over de twee waterspiegels naar de opwindende beplantingen.

Garden in Sambeek

't Huys op de Hei

A garden full of surprises

Generation upon generation of gardeners have been striving to create different moods in their gardens. In bygone times there would have been an ornamental garden, an orchard, a vegetable patch and maybe some room for horses and other livestock. Over time the ornamental aspect grew in importance at the expense of the other functions of a garden. No doubt the increasing commercialisation of the gardening sector played a part in this as did the demise of the low-cost gardener. Nowadays people only tend to keep horses, geese, sheep or vegetable patches as a hobby, in which case the amount of effort involved is not an issue.

Tuin te Sambeek

't Huys op de Hei

Een tuin vol verrassingen

Al tientallen generaties lang kiezen tuiniers ervoor om meerdere sferen te creëren op hun terrein. Vroeger was er sprake van een siertuin, een boomgaard en een moestuin, en eventueel ruimtes voor paarden en andere levende have. De siertuinfunctie werd echter steeds belangrijker en ging ten koste van de overige functies. Dat er overvolle, rijk gesorteerde winkels zijn, plus het feit dat de goedkope tuinman van vroeger er niet meer is, zal hiermee te maken hebben. Het zijn nu alleen nog de echte liefhebbers die aan paarden, ganzen, schapen en moestuinen beginnen zonder rekening te houden met de hoeveelheid werk.

A space to display garden furniture

The owners of a company specialised in garden furniture wanted to create an area next to their house in which they could exhibit some of their pieces. For this purpose they had built a dark-green conservatory onto the square building which had a central courtyard.

To the side of the conservatory I created a 'square' edged with beech hedges. Shaded by canopy trees this provided a seating area and a handful of tubs for plants. There was an opening in the hedge around the square through which you could see a bamboo garden containing many different varieties.

To the left of that I created an elongated pond on several different levels and with little waterfalls. Alongside the pond I planted *Pyrus salicifolia* 'Pendula', a grey-leaved ornamental plant similar to an olive tree. The rest of the planting was lush consisting of white-flowering wild hydrangeas *(Hydrangea arborescens)*, lots of yellow roses and lady's mantle *(Alchemilla mollis)*.

Een expositieruimte voor tuinobjecten

De eigenaren van een bedrijf gespecialiseerd in tuinmeubels, hadden de wens om bij hun woning een aantal tuinmeubels te kunnen exposeren. Om diezelfde reden werd aan het gebouw, dat carrévormig is en rond een binnenplaats ligt, een donkergroene serre gebouwd. Aan de zijkant hiervan kwam een met beukenhagen omkaderd 'plein' met dakplatanen. Daar kwamen de zitelementen en enkele plantbakken te staan. In de haag rond dit plein werd een opening gehouden. In het verlengde van deze doorkijk werd een bamboetuin aangelegd met veel verschillende variëteiten.

Links daarvan kwam een lange vijver met meerdere niveaus, waardoor kleine watervallen mogelijk werden. Erlangs werden grijsbladige, op olijfbomen lijkende sierperen geplant, *Pyrus salicifolia* 'Pendula'. De rest van de beplanting werd weelderig en bestond uit witte, wilde hortensia *(Hydrangea arborescens)*, veel geelbloeiende rozen en vrouwenmantel *(Alchemilla mollis)*.

Even more surprises

By planting hedges I was able to divide the huge space up into a large number of smaller sections. I created, for example, an avenue of perennials and a particularly impressive pathway under tall broad rose arches. When this path had reached maturity visitors often stood to admire it on the grass that wound beneath the arches like a satin ribbon.

I created a white garden near the private area of the square house. The inner courtyard proved ideal to display some of the furniture, plant pots and sculptures. The white garden's focal point was a famous bench that had already graced many internationally renowned gardens with its presence – the one with a semi-circular back rest made by the architect Lutyens. The white flowers were *Phlox*, Japanese anemone *(Anemone x hybrida)*, roses and hardy pansies and I also planted four ornamental pear trees. There was a lane of winter roses and ferns beneath a row of plum trees and it included a pretty herb garden.

Nothing was ever the same here, there was always something going on to surprise the visitor. But everything stopped in the end. Why? As the female owner explains in her own words: "It seemed like our gardener was always around, popping up everywhere. We had a huge garden but I had the feeling that there was no escape – I just wanted to relax and enjoy the peace and quiet."

It is a shame since there would have been various ways round this problem such as using a thick hedge or wall to section off an area as a garden room, maybe with a swimming pool, creating an atmosphere of calm in terms of both the layout and the planting. I've worked on several such projects for clients who wanted to re-gain their sense of privacy in a high-maintenance garden.

The present garden

The previous owners have undertaken new adventures, but luckily, this paradise is maintained by new owners. I was pleasantly surprised when I discovered that you can still visit the garden, for now others are allowed to enjoy 't Huys op de Hei too.

Nog meer verrassingen

Door hagen te plaatsen werd het enorme terrein in een groot aantal tuinkamers verdeeld. Zo kwam er een vasteplanten-allee en een rozenbogenpad, dat zeer indrukwekkend is vanwege de hoge, brede bogen. Toen dit pad eenmaal was volgroeid, bleef men vol bewondering stilstaan op het gras dat er als een viltig lint onder lag. Een witte tuin lag bij het privé-gedeelte van de carrévormige bebouwing. De binnencour bleek ideaal voor het exposeren van enkele meubels, bakken, potten en beelden. De witte tuin kreeg een beroemde bank als eindpunt: de Lutyens-bank met zijn halfronde rugleuning, die een ware zegetocht door veel internationaal befaamde tuinen heeft gemaakt. De witte bloemen waren *Phlox*, herfstanemoon *(Anemone x hybrida)*, rozen en vaste violen. Ook hier kwamen vier sierperen te staan. Een laantje met kerstrozen en varens kwam onder een rij pruimenbomen. Ook werd er een fraaie kruidentuin aangelegd.

Nooit was hier stilstand, altijd weer waren er projecten die een bezoek tot een verrassing maakten. En toch: er kwam een einde aan. De reden? De eigenaresse van de tuin legde het zelf zo uit: "Er was een vaste tuinman die altijd en overal opdook, waar ik zelf nu eens in alle rust wilde verblijven. We hadden een immens grote tuin, maar nergens was er een plek waar ik me terug kon trekken."

Jammer, want ook daar waren oplossingen voor geweest. Bijvoorbeeld een met een dichte haag of muur omsloten tuinkamer, eventueel met zwembad, die een rustgevende sfeer heeft qua indeling en beplanting. Iets dergelijks heb ik meerdere malen ontworpen om de bezitters van een bewerkelijke tuin de noodzakelijke privacy te geven.

De tuin nu

De eigenaren van toen zijn ander avontuur aangegaan. Gelukkig wordt dit paradijs door de nieuwe bewoners in stand gehouden. Blij verrast was ik te ontdekken dat de tuin nog steeds te bezoeken is waardoor ook anderen van 't Huys op de Hei kunnen genieten.

Romantic
gardens
Romantische tuinen

Many garden owners enjoy the thrill of a visit to the market or the garden centre to pick up all manner of plants. Some people will choose bright colours whilst others prefer subtle shades or unusual foliage. But then the real fun starts – where to plant everything?

Voor veel tuinbezitters begint het avontuur door op markten en in tuincentra planten te verzamelen. De één zal vooral felle kleuren kiezen, de ander valt voor subtiele tinten of voor boeiend blad. En dan komt de grote vraag: waar worden al die aanwinsten neergezet?

Romantic
gardens

What is romance in the garden?

It can't be denied that gardening rarely features in films – Marlène Dietrich and Meryl Streep aren't known for roles in which their characters are seen to mow the lawn or plant something in their garden. So when we talk about romance in the garden, it is obviously a different kind of romance – it's something that we can create ourselves, by including a pergola covered in tumbling roses for example. Hydrangeas in spectacular bloom at the edge of a lawn or a terrace surrounded by pretty flowers – these are just some examples of romance in the garden. Romantic elements could be winding paths of clinkers or flagstones, paths that lead through gates, under rose arches, between hedges or through other 'concealing' elements to unexpected places, seating areas made of natural materials scattered throughout the garden. An abundance of flowering plants, shrubs and roses – borders can be admired in their full glory next to well-maintained lawns. Trees play an important part in romantic gardens as do large pots and tubs overflowing with colour, statues and ornaments. Last but not least, the romance of a pond in the midst of all manner of greenery cannot be missed.

Two English examples

Great Dixter in England is the home and garden of Christopher Lloyd, the well-known author of gardening books. His father bought the house and grounds in 1910 and enlisted the help of landscape architect Edwin Lutyens. The two of them designed beautiful mixed borders at the edge of lawns, paths of natural stone and dark-coloured pruned yew hedges. The garden has an orchard with all manner of wild flowers in the spring. One of the other gardens is a small rose garden. The unusual Long Border was added later by Christopher himself.
As mentioned in the previous chapter, the Sissinghurst Castle Gardens were designed along architectural lines but planted in a mainly romantic style. An orchard with climbing roses and clematis, spectacular borders at the edge of pristine lawns, paths and vistas through neatly pruned yew hedges – these are just some of the romantic elements there.

The art of romantic refinement

A romantic garden does not necessarily mean a huge diversity of planting. Romance can also be the abundance of a few selected plants chosen for their wonderful flowers or foliage. Garden romantics find hostas irresistible thanks to the oval shape, layered texture and above

Romantische
tuinen

Wat is romantiek in de tuin

Het is opvallend hoe weinig tuiniers de hoofdrol spelen in films. Marlène Dietrich noch Meryl Streep zal men erop kunnen betrappen dat ze op het witte doek het gras maaien of iets planten in hun tuin. In tuinen is er kennelijk sprake van een heel andere vorm van romantiek: een vorm van romantiek die men zelf kan creëren, bijvoorbeeld door pergola's overgroeid met weelderige rozen. Ook rijk bloeiende hortensia's langs het gras zijn zo'n voorbeeld van romantiek, net als een terras met een fraaie beplanting eromheen.

Romantische elementen zijn slingerende paden van straatklinkers of flagstones. Paden die via poorten, rozenbogen, hekken of andere 'verhullende' elementen naar onverwachte plekken leiden. Overal zijn zitplekken in de tuin, gemaakt van natuurlijk materiaal. Er is een overdaad aan bloeiende vaste planten, struiken en rozen. Gelegen achter goed onderhouden gazons komen de borders volop tot hun recht. Bomen spelen in romantische tuinen een belangrijke rol. Verder zijn er vaak potten en kuipen met uitbundig bloeiende planten te vinden, beelden en ornamenten. En een met planten omgeven vijver mag eigenlijk niet ontbreken.

Twee Engelse voorbeelden

Bij het Engelse Great Dixter ligt de tuin van Christopher Lloyd, de bekende tuinboekenschrijver. Zijn vader, die in 1910 het huis met grond kocht, riep bij de aanleg van zijn tuin de hulp in van tuinarchitect Edwin Lutyens. Samen bedachten zij prachtige gemengde borders langs gazons, paden van natuursteen en donkere, geschoren taxushagen. De tuin heeft een boomgaard met een wilde vegetatie en in het voorjaar volop bolgewassen. De kleine rozentuin is een van de andere tuinen. De bijzondere Long Border werd aangelegd door zoon Christopher. Zoals in het hoofdstuk hiervoor al werd gezegd, kregen de Sissinghurst Castle Gardens een architectonische indeling maar werden deze delen vooral romantisch beplant. Een boomgaard met klimrozen en clematissen, prachtige borders langs frisgroene gazons, geschoren taxushagen met daarin doorgangen en -kijkjes zijn enkele van de romantische elementen.

De geraffineerde tuinromanticus

Een romantische tuin hoeft niet per se een enorme diversiteit in beplanting te betekenen. Romantiek is ook de uitbundigheid van een aantal rijk bloeiende planten

all the green, blue or even gold colours of their foliage. A rose bush has a similar effect – once bitten by the rose bug, it's a never-ending love affair. There is huge variety among perennials – the garden romantic can create endless combinations and numerous different moods. Ponds are particularly useful for creating romance and there are lots of plant varieties with pretty foliage and flowers suitable for in and around the water, with their reflections in the water helping to add an extra dimension of shape and movement to the garden. Every garden should have one if at all possible.

Whatever the project, the aim is to achieve harmony in colour, shape and structure. It is a matter of keeping it simple to achieve a refined end result. It is therefore wise to start by choosing one basic colour for all flowering plants. It can be white, pale yellow, pink or even blue. Avoid bright colours and try to include nicely-shaped foliage in soft shades of grey, blue-grey and green. How the rest of the garden is finished off will be different for everyone. Another tip is to try to alternate sunny spots and shady spots – that way, the garden changes by the hour as well as by the season.

Romantic view

Wide expanses can be beautiful purely because of the view. It can be especially interesting if large gardens are designed so that the intimate garden close to the house blends seamlessly with the open countryside beyond. The open view in English country gardens was often restricted by bushes, conifers such as *Taxus* and trees that were planted to form a frame of vertical lines on either side of the vista. The famous English garden architect Humphrey Repton designed many such examples. He first of all sketched the view from the main house and coloured it in using watercolour pastels. He carefully cut out the part that he wanted to change and painted his new design to the same scale on a separate piece of paper. He would then show his clients the drawing of the current situation, explaining his suggestions for changes and then replacing the cut-out part of the drawing with his visualisation of the new situation. In this way his client was immediately able to see the impact of the improvements. Any groves blocking the view would be removed to reveal a valley with a river, for example, a charming church in the distance or a large meadow of grazing cattle. Since Humphrey Repton always bound his drawings for his clients and decorated the cover with a red ribbon, he called them his 'Red Books'.

en/of prachtig blad. Zo zijn hosta's voor tuinromantici onweerstaanbaar vanwege hun ovaal gevormde, in lagen over elkaar heen vallende, groene, blauwige of meer goudachtig gekleurde blad. Een rozenstruik is al net zo'n liefde zonder einde; wie eenmaal door deze bloemen getroffen is, blijft ze aanplanten. Vaste planten zijn er in overweldigende variatie; de tuinromanticus kan hiermee iedere gewenste sfeer realiseren. Vijvers met fraaie blad- en bloeivormen in en rond het water zijn bijzonder geschikte elementen, omdat ze behalve sfeer ook vorm en weerspiegeling in de tuin introduceren. Indien mogelijk zou in iedere tuin water geïntroduceerd moeten worden. Bij alles wat men bouwt of inricht, zal worden gestreefd naar harmonie in kleur, vorm en indeling. Als men een geraffineerd geheel bereiken wil, is het een kwestie van beperking. Begin daarom met het kiezen van één basiskleur voor alles wat zal bloeien. Dat kan wit zijn, zachtgeel, roze of bijvoorbeeld blauw. Vermijd felle kleuren en let vooral op fraai gevormd en zacht gekleurd blad in tinten grijs, blauwgrijs en groen. De rest van de invulling zal per tuin en eigenaar anders zijn. En let er vooral op dat lichte plekken en schaduwplekken elkaar afwisselen. Op die manier is de tuin per uur en per seizoen anders.

Romantisch uitzicht

Weidsheid kan prachtig zijn, puur vanwege het uitzicht. Nog interessanter is het als bij grote tuinen er een mooie overgang is gecreëerd tussen de intieme tuin bij het huis en het weidse landschap erbuiten. In Engelse landschapstuinen werd het uitzicht vaak wat ingesnoerd met struiken, coniferen zoals *Taxus* en bomen die aan beide zijden als verticale lijnen naast de doorkijk werden aangeplant. Voorbeelden hiervan maakte de befaamde Engelse tuinarchitect Humphrey Repton. Hij tekende altijd eerst het uitzicht vanuit het gebouw en kleurde dat met aquarelverf in. Het deel dat hij wilde veranderen, sneed hij er voorzichtig uit. Zijn nieuwe voorstel tekende hij op een even groot stuk papier. Vervolgens liet hij de opdrachtgever eerst de bestaande situatie zien, lichtte er het te veranderen deel uit en legde zijn voorstel in de opening. Zo zag de opdrachtgever in één keer hoeveel alles verbeterde. Bosschages die de doorkijk blokkeerden werden weggehaald, waardoor bijvoorbeeld een fraaie vallei met een riviertje zichtbaar werd of een aardig kerkje in de verte of een grote weide met vee. Omdat Humphrey Repton deze tekeningen altijd liet inbinden en de omslag met rode stof liet bekleden, noemde hij deze voorstellen zijn Red Books.

Garden in Noordwelle
The essence of calm and romance

The changes made to many old buildings over the years often provide tell-tale signs as to the owners' wealth during that period. Many countryside properties started life as working farms, only to be renovated and improved upon as their owners grew more prosperous.

The Zélandia estate, which as the name suggests has a link with Zeeland, is a prime example of this. The Zélandia property comprises a huge barn with an attractive, partly whitewashed, mansion in front of it. Next to it is the original family home – clearly this farming family experienced an upturn in their fortunes which led them to improve their property by constructing the large white manor house in front of their barn. The current owners have since completed the work started by their predecessors, restoring everything to its former glory in the process. Upon seeing this huge site, the first thing that came into my mind was to re-locate the approach, which at that time was short and led onto a very busy road. The new approach was extended creating a stronger sense of grandeur and mystery and bringing with it the added bonus of it opening out onto a quiet country lane.

Tuin te Noordwelle
Rust en romantiek

Aan de veranderingen die veel oude gebouwen in de loop der tijd hebben ondergaan, is te zien of de eigenaren voorspoed of tegenspoed hebben gekend. Veel buitenplaatsen begonnen ooit als boerderij, die steeds verder werd verfraaid zodra de welstand van de eigenaren toenam. Zo ook bij Zélandia, een landgoed dat zoals de naam al aangeeft, iets met Zeeland te maken heeft. Landgoed Zélandia omvat een enorme schuur met daarvoor een fraai, deels witgeschilderd landhuis. Daarnaast ligt de oorspronkelijke woning van de (ongetwijfeld boeren)familie die deze bouwde. Een toenemende rijkdom bracht hen ertoe hun bezit te verfraaien door voor de schuur een groot wit buitenhuis te bouwen. De huidige eigenaren hebben inmiddels het werk afgemaakt dat de vorige eigenaren al waren begonnen. Daarnaast hebben ze alles prachtig gerestaureerd.

Toen ik bij dit grote terrein werd geroepen, was het eerste dat ik voorstelde het verleggen van de entree. De vroegere entree was kort en kwam uit op een zeer drukke weg. De nieuwe entree werd zo lang mogelijk gemaakt om meer allure te geven en mysterie. Een ander voordeel is dat de toegangsweg nu op een rustige landweg uitkomt.

1 driveway
   oprijlaan

2 entrance gates + approach with tall hedges and 2 x
   Rosa 'Kathleen'
   *toegangspoorten + entreetuin met hoge hagen en 2
   x Rosa 'Kathleen'*

3 natural-looking pond including thick lining +
   wooden decking
   *natuurlijk ogende vijver met stevig vijverfolie +
   houten terras*

4 square by the front door + tall *Taxus* hedging
   plein bij voordeur + hoge Taxus-hagen

5 large *Taxus* cubes
   hoge Taxus-blokken

6 avenues of limes
   lindelanen

7 pink roses + *Taxus* hedges + clipped evergreen
   shrubs such as Oleaster *(Elaeagnus* x *ebbingei)*
   and *Escallonia*
   *roze rozen + Taxus-hagen + gesnoeide,
   wintergroene heesters zoals olijfwilg
   (Elaeagnus x ebbingei) en Escallonia*

8 view of open countryside + high wall of earth to
   shield the road from view
   *uitzicht naar open landschap + hoge aarden wal
   tegen inkijk*

9 avenues of apple trees
   appellanen

10 flowers
   bloemen

11 conservatory
   kas

12 tennis court
   tennisbaan

13 tall groves with many oaks, privet and wild roses
   hoge bosschages met veel eik, liguster en wilde rozen

14 holly
   hulsthaag

15 swimming pool
   zwembad

16 private terrace
   privéterras

17 old nut tree
   oude notenboom

18 old farmhouse
   oude boerenhuis

19 old barn
   oude grote schuur

20 Zélandia property
   huize Zélandia

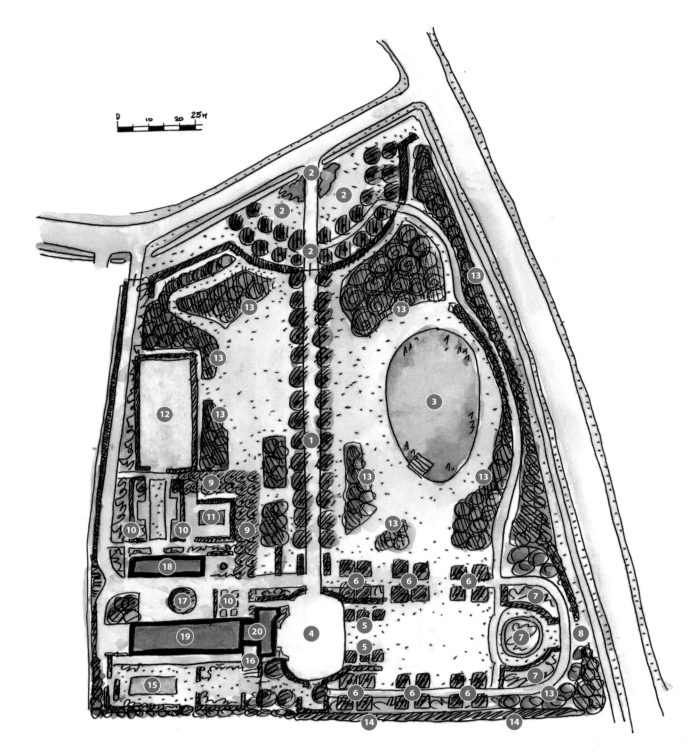

The formal rose garden

One of the unique elements in this garden is the high bank (wall of earth) which has been designed to shield the busy road from view of the house – also known as a ha-ha wall. It is possible to walk along the top of this wall taking in the lovely view in both directions – on one side is the wonderful open countryside and on the other side, between the wall and the house, is the formal rose garden containing pink roses: *Rosa* Bonica and *Rosa* Mary Rose. The roses are complemented by various *Taxus*- and *Buxus* shapes to keep the rose garden interesting in the winter too. And that was the starting point: strong green topiary shapes combined with trees and shrubs that would unite the house and garden as one architectural entity.

De formele rozentuin

Eén van de bijzondere elementen in deze tuin is de hoge wal die werd opgeworpen. Deze neemt het zicht weg dat men vanuit landhuis op de auto's had die over de weg langsrazen. Een 'ha-ha wal' dus. Over deze wal kan worden gewandeld, genietend van het uitzicht naar twee kanten: het fraaie landschap en de formele rozentuin tussen de wal en het huis. Hier groeien roze rozen: *Rosa* Bonica en *Rosa* Mary Rose. Ze zijn met veel *Taxus*- en *Buxus*-vormen omgeven, zodat de rozentuin ook in de winter boeiend is.

Dat was het uitgangspunt: sterke groene, gesnoeide vormen in combinatie met bomen en struiken die op een architectonische manier huis en tuin tot een eenheid smeden.

Other parts of the garden waiting to be discovered

Looking out from a sort of pavillion at the front of the house, the view is of a large pond surrounded by wild plants. Groves have been planted which have since matured, separating the various parts of the garden so that, in addition to the formal rose garden and the water garden, there are still other areas waiting to be discovered.

Overige tuinen moet men ontdekken

Vanuit een theekoepel-achtig deel aan de voorzijde van het huis heeft men zicht op een met wilde planten omgeven, grote vijver. Er zijn bosschages aangeplant die inmiddels tot volle wasdom zijn gekomen. Zij separeren en omgeven de verschillende tuinen die naast de formele rozen- en de vijvertuin nog te ontdekken zijn.

The flower garden

I designed an extravagant flower garden next to the old farmhouse with a lawn edged with wide borders of perennials in the centre and hedges and shrubs all the way round the outside. The owners are a very sociable couple and often organise receptions here. The photo shows the garden in its role as reception room.

The private garden

Hidden from everyone's view the private garden houses a huge swimming pool as well as the private terrace where the owners can relax and eat 'en famille'.

The property also contains a substantial parking area and a tennis court hidden in the greenery. This is a fine example of an oasis of peace and relaxation being created so that people – and also wildlife – can enjoy life's many pleasures in what is otherwise an open landscape often at the mercy of the coastal elements.

De bloemenhof

Bij het oude boerenhuis kwam een uitbundige bloementuin met centraal een grasveld en brede randen met vaste planten daar omheen. Dit alles is omzoomd met hagen en struiken. Het zeer sociaal geëngageerde echtpaar organiseert hier regelmatig ontvangsten. De foto toont de tuin als ontvangstruimte.

De privé-tuin

Onzichtbaar voor alle bezoek bevindt zich in de privétuin een riant zwembad. Daarbij ligt het privéterras waar men 'en famille' kan zitten en eten.

Elders op het terrein is nog een flink plein voor de auto's en een tennisbaan verstopt in het groen. Zo is in een door zeewind geteisterd open landschap een oase van leefgenot ontstaan, waar zowel de mens als ook veel dieren van het leven genieten.

Garden in Borsele

Stark and open becomes
mysterious and intimate

Many 'townies' find the thought of living out in the
country unappealing and won't even consider it – surely
it must be lonely, so far away from all the people and
traffic? Fortunately there are also people who enjoy that
feeling of solitariness, people who savour the peace.
They appreciate gazing at the starry night sky that's
hardly noticeable in the city and being serenaded in their
own garden by birds seeking shelter in winter and food
in summer.

Tuin te Borsele
Kaal en open wordt mysterieus en intiem

Voor stedelingen kan buitenaf wonen beangstigend zijn.
Leven zonder omgeven te zijn door auto's en mensen-
massa's lijkt zo eenzaam te zijn, dat ze er nooit aan zullen
beginnen. Gelukkig zijn er ook liefhebbers van juíst die
eenzaamheid, mensen die de stilte waarderen.
Zij genieten van een hemel vol sterren die men in de
stad nog amper kan zien. Vogels, dol op tuinen waar ze
's winters beschutting en 's zomers eten kunnen vinden,
geven er een voortdurend concert.

A garden in 'the middle of nowhere'

After a long journey over high dikes and quiet roads, I finally find the old farm situated at the foot of a dike. "It was pretty much renovated already", explains the enthusiastic couple that has decided to first of all complete the unfinished work properly. They were working on a large room for the spinets and harpsichords belonging to the man of the house.
The big windows in this harpsichord room look out onto a garden laid by the previous owners, containing a substantial old weeping willow (*Salix babylonica*) with a large Butterbur beneath it (*Petasites hybridus*). It was my job to make the rest of the garden interesting.

I did this by designing a more or less natural pond under the large windows of the music room, including a wrought-iron arbour covered in climbing plants. Lush borders with perennials, roses and ornamental grasses were grouped around the pond. A long driveway passes the pond making it a joy to approach or leave the property every day.

Een tuin in the middle of nowhere

Na een lange tocht over hoge dijken en stille wegen komt men onderaan zo'n dijk bij een oude boeren- hoeve. "Hij was al min of meer gerestaureerd", vertelt het enthousiaste echtpaar dat de taak op zich nam om eerst het restauratiewerk grondig te voltooien. Er kwam een grote zaal met enkele spinetten en klavecimbels, waar de heer des huizes op kan spelen. De grote ramen in deze klavecimbelkamer geven uitzicht op een door de vorige bewoners aangelegde tuin bij een hoge, oude treurwilg (*Salix babylonica*), met daaronder groot hoefblad (*Petasites hybridus*). Aan mij de taak om van het overige terrein een interessante tuin te maken.

Dit deed ik door bij de grote ramen van de muziekkamer een min of meer natuurlijke vijver te ontwerpen met erbij een ijzeren prieel dat met klimplanten is overgroeid. Weelderige randen met vaste planten, rozen en sier- grassen zijn rond de vijver gegroepeerd. Een lang pad voor auto's leidt langs de vijver en maakt van aankomst en vertrek een dagelijks plezier.

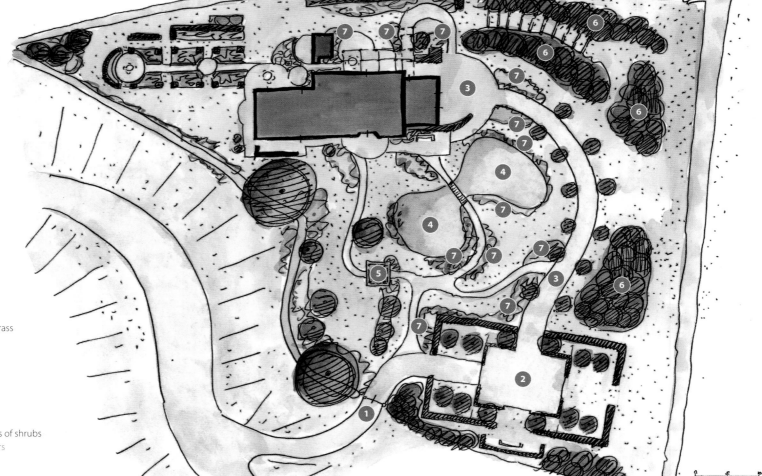

1   approach
    entreetuin
2   parking area + hedging and fruit trees on grass
    parkeerplek + hagen en fruitbomen in gras
3   road + square by the garage
    weg + pleintje bij garage
4   pond with bridge
    vijver met brug
5   gazebo with glass roof
    prieel met glazen dak
6   high bank of earth + wind-resistant varieties of shrubs
    hoge aarden wal + windbestendige heesters
7   flowering plants
    bloeiende planten

The formal approach

In the case of large gardens it is important to create several different moods. In this case, the first step towards doing this was to design an approach without any flowers, just using neatly pruned hedges and fruit trees planted in straight lines. Every visitor will immediately realise that this is the parking area. From there, guests can choose to walk along the wide path or one of the smaller ones to the front door. And already they've experienced a combination of water, light, shade and colour – there's something in there to appeal to each of the senses.

The rose garden

Close to the northern part of the house is the formal rose garden containing red roses and lots of high and low hedges, as well as borders of blue-flowering perennials and lavender.

De formele entree

Bij grote tuinen is het belangrijk om verschillende sferen te introduceren. Ook hier gebeurde dat door allereerst een entree te ontwerpen zonder bloemen maar met veel strak geschoren hagen. Erbij, in rechte rijen, staan fruitbomen. Iedere bezoeker zal hier automatisch de auto achterlaten op één van de ruime parkeerplaatsen. Dan wandelt men of over het brede pad of over één van de smalle wandelpaden naar de voordeur. En zo is men al direct een ervaring rijker – met water, licht, schaduw en kleur. Alles wat een mens in vervoering kan brengen, is daar aanwezig.

De rozentuin

Bij het noordelijke deel van het huis ligt een formele rozentuin met rode rozen en veel lage en hoge hagen, plus randen met blauw bloeiende vaste planten en lavendel.

The clandestine walk

One of the problems in this garden was the large plot of bare land that had recently been purchased. Blowing straight off the North Sea, the wind ruled here. The solution was the construction of high banks of earth to create some wind resistance. Planting suitable wind-resistant varieties of shrubs and trees on top of these banks formed a second shield against the wind, and finally, after a few years' growth, the wind's reign has come to an end.

The grassy pathway formed between the two banks of earth has created an interesting walk. Winding beneath several metal archways thickly covered in climbing plants, the path has an air of secrecy about it. And it is exactly this feeling of mystery and surprise that belongs – and can be found – in this collection of small gardens to the rear of the house's music wing.

The two owners are both keen gardeners and they maintain everything beautifully. An inhospitable spot is transformed into a delightful home, inside and out.

De geheime wandeling

Eén van de problemen in deze tuin was het grote stuk kaal landbouwgebied dat recent was aangekocht. Hier had de wind, rechtstreeks afkomstig van de Noordzee, vrij spel. De oplossing was het aanbrengen van hoge aarden wallen die de wind konden breken. Door hierop alle struiken en bomen te planten die men al eeuwen-lang op dergelijke winderige plekken toepast, ontstond een tweede windbarrière. Nu, na enkele van jaren groei, is de wind onder controle.

Interessant is de wandeling over het graspad dat tussen twee tegenover elkaar gelegen beplante aarden wallen door loopt. Door metalen bogen over dit graspad aan te brengen, bogen die rijkelijk begroeid zijn met klim-planten, is een geheimzinnige sfeer ontstaan. Ook omdat het pad niet recht loopt maar min of meer gebogen is. Zo ontstaan mysterie en verrassing, elementen die ook volop in de serie kleine tuinen achter de muziekvleugel van het huis te vinden zijn.

De twee eigenaren zijn enthousiaste tuiniers, die alles prachtig onderhouden. Van een onherbergzame plek werd het een waar genot om in te leven.

Garden in Zierikzee
A romantic garden of two halves

The idea of dividing a space into several compartments has been around for centuries, but it has fortunately been recently re-discovered as a way of allowing several moods and colour combinations to co-exist. In this case, it is important that the compartments are in contrast to one another and there are infinite ways of doing this. One can think of architectural diversity – plants in contrast to stone, a lawn next to a water garden, neatly pruned hedges in contrast to fruit trees and so on.

Two gardens of colour

In Zierikzee I chose to design garden number 1 with a long lawn in the centre and romantic borders of roses, perennials and an odd ornament along the left- and right-hand sides. Garden number 2 comprised only white-flowering plants with a square 'grass rug' in the centre of them and *Buxus* hedges running at right angles to it. The two gardens were connected by a broad pergola overflowing with an abundance of roses, clematis and white Japanese wisteria *(Wisteria floribunda* 'Alba').

Tuin te Zierikzee
Romantische tuin met twee sferen

Het idee om een ruimte in meerdere compartimenten te verdelen, is al eeuwen oud. Gelukkig is dit opnieuw ontdekt als een mogelijkheid om meerdere sferen en kleurcombinaties naast elkaar te laten bestaan. Contrast tussen die bij elkaar horende compartimenten is dan belangrijk. De mogelijkheden om zo'n contrast te creëren, zijn eindeloos. Men kan zoeken naar architectonische diversiteit: naast stenig komt dan plantenweelde, naast een vijvertuin een tuin met gras, naast vruchtbomen komen gesnoeide planten.

Twee kleurtuinen

Hier, in Zierikzee, werd ervoor gekozen om in tuin I centraal een lang grasveld aan te leggen met links en rechts de romantiek van rozen, vaste planten en een enkel ornament. In tuin 2 kwamen alleen witbloeiende planten, met centraal een vierkant grastapijt met haaks erop staande *Buxus*-hagen.
Beide tuinen zijn met elkaar verbonden via een brede pergola waarover rozen, clematis en witte regen *(Wisteria floribunda* 'Alba'), groeien in weelderige overdaad.

Garden in Wissekerke

Tasteful planting within
graceful patterns

One of the biggest surprises to a landscape architect is to be confronted by clients who have extensive knowledge of particular plant species. A lot of people love perennials and know everything there is to know about them while others are into trees ('dendrologists'). For some, it is roses or herbs – and most people usually know something about shrubs.

For landscape architects, having studied a broad range of garden-related subjects and with only an average knowledge of plants, it is a pleasant change to be able to work with clients who are such experts on plants, and this was the case here. I designed a good use of the space in their garden and then left the specific planting details in their capable hands.

Tuin te Wissekerke

Verfijnde plantencombinaties in een geraffineerd lijnenspel

Een van de verrassingen in het vak van tuinarchitect is het geconfronteerd worden met opdrachtgevers die een enorme kennis hebben van bepaalde plantgroepen. Veel mensen zijn in de ban geraakt van vaste planten en weten daar ontzettend veel van. Anderen weten veel van bomen, de dendrologen. Weer anderen zijn in de ban van rozen of kruiden of éénjarigen. Van heesters weet iedereen meestal wel wat af.

Voor tuinarchitecten met een brede opleiding en een gemiddelde plantenkennis is de samenwerking met opdrachtgevers met zo'n enorme plantenkennis een verrassende ervaring. Zo ook hier. Ik ontwierp voor dit echtpaar een goede ruimtelijke indeling van de tuin, waarna de gedetailleerde invulling met planten door henzelf ter hand werd genomen.

The garden behind and next to the house

The aim in the rear garden was to add dimension, scale and an element of surprise to what was a large open grassy lawn. "It is too boring", said the lady of the house – the plant expert. I solved this problem using several elements: I divided the lawn into two by designing a large rectangular pond to run crossways. I planted one shrub beyond it, the white-flowering *Clerodendrum*, alongside white roses and a few *Buxus* spheres. A large border full of wonderful perennials stretched out to the back of the garden from the left-hand side of the pond. I extended a diagonal line across the lawn, placing an open garden house/pavillion at the end of it in the far right-hand corner of the garden next to the lawn.

I removed part of the lawn close to the main house so that the remaining lawn was more or less rectangular. This freed up a space in which I created a spacious terrace surrounded on all sides by large square flowerbeds. To the right of the main house I removed another part of the lawn using this space to create a flower/vegetable/herb garden and placing a rectangular pergola to link it to the garden house/pavillion.

The green-fingered lady of the house planted all the beds skillfully to maximise the colour and structure in the garden, leaving me to advise her on the use of hedges and trees to create colourful accents and shapes.

De tuin achter en naast het huis

In de achtertuin moesten in een groot open grasveld maat, schaal en verrassing worden gebracht. "Het is te spanningloos", zei mevrouw, de plantenkenner van het echtpaar. Door middel van een aantal nieuwe elementen werd dit probleem opgelost. Zo deelde ik het grasveld in tweeën met een dwars op de lengteas gesitueerde lange rechthoekige vijver. Erachter kwam één heester, de witbloeiende kansenboom *(Clerodendrum)*, samen met witte rozen en een aantal *Buxus*-bollen. Aan de linkerzijde achter deze vijver begon een grote border met schitterend gekozen vaste planten. Verder trok ik een diagonaal over het grasveld en situeerde aan het einde ervan een open tuinschuur/paviljoen, dat in de verste hoek aan de rechterkant naast het grasveld kwam te liggen.

Bij het woonhuis haalde ik een stuk van het gras weg, zodat het grasveld min of meer rechthoekig werd. De grond die hierdoor beschikbaar kwam, werd ingedeeld met grote vierkante bloemperken met in het midden een ruim terras. Ook een tweede stuk gras, rechts van het huis, werd weggehaald en vervangen door een bloemen-groenten-kruidentuin. Een rechthoekige pergola verbindt deze groentenhof met het tuinschuurtje/paviljoen.

Door de groene vingers van de vrouw des huizes werden alle plantplekken voorzien van langbloeiende en structuurgevende planten. Mijn taak was het adviseren over de hagen, bomen, kleuren en vormen.

The front garden

The garden in front of the house comprised a large lawn edged with shrubs and just one large Atlas Cedar (Cedrus libani subsp. atlantica) as focal point. I tried in vain to persuade my client to allow me to remove the cedar so instead I came up with the following solution:

1 Replacing the lawn with perennials with mainly blue foliage such as hostas and Common Meadow-rue (Thalictrum flavum).
2 Restricting the flowers to yellow and white to complement the blue foliage.
3 Introducing a striking apparent sense of symmetry using four wide low Taxus hedges.
4 Laying several paths to invite closer inspection of the various plant combinations as well as providing easy access for tending the garden.
5 Planting four ornamental apple trees by the front door – these trees don't grow too tall and their white blossom is very pretty, as are the small yellow apples in the autumn. Buxus spheres and just one ground cover plant help to create a sense of calm whilst adding interest.

Apart from laying the pond and the terraces the owners did all of this work themselves, producing a gorgeous display. The Dutch and Belgian readers of the magazine Groei & Bloei voted it the most fabulous garden of the year. A great compliment for the owners and, let's be honest, I also felt flattered by the award since there's more to a garden than just plants.

De voortuin

Voor het huis lag een ruim grasveld met heesters eromheen en één grote blauwe Atlasceder (Cedrus libani subsp. atlantica) als eindpunt. Ondanks pogingen van mij om de ceder te mogen weghalen, moest hij van de opdrachtgever blijven staan. De oplossing die ik aandroeg was de volgende:

1 Het groene grasveld werd vervangen door veelal blauwbladige vaste planten zoals Hosta-variëteiten en poelruit (Thalictrum flavum).
2 De bloemkleuren werden beperkt tot geel en wit, wat fraai is bij blauwbladige planten.
3 Centraal kwam een viertal brede lage Taxus-hagen die een opvallende, schijnbare symmetrie introduceerden.
4 Overal lopen paden die het onderhoud vergemakkelijken en uitnodigen tot het ontdekken van de vele plantcombinaties.
5 Bij de voordeur kwamen vier brede sierappels die niet al te hoog worden, die wit bloeien en kleine gele appeltjes tonen in het najaar. Buxus-bollen en slechts één bodembedekker creëren hier rust en afwisseling.

Al deze tuinveranderingen, behalve het aanleggen van de vijver en de terrassen, werden door de eigenaren zelf uitgevoerd. Er ontstond een prachttuin die tot de mooiste werd gekozen door de Nederlandse en Belgische lezers van het maandblad Groei & Bloei.
Een compliment voor de opdrachtgevers en eerlijk is eerlijk: ik voelde me ook door die prijs gecomplimenteerd, omdat een tuin meer is dan alleen een verzameling fraaie planten.

Garden in Schuddebeurs
A green-fingered client

Early garden designers and landscape architects often had ingenius if simple ideas, and we can still learn a lot from them today. This sprung to mind as I stood at the edge of a large lawn that sloped gently down to a pretty if somewhat overgrown pond. What should I do?
Open up the pond in its full splendour or keep part of it concealed? I didn't have to deliberate for long.
I created a framed vista of the water by planting a hedge on both the left and right of it. This also created a hedged garden near to the house which could be planted, for example, using just one colour. Hiding the pond partly from view, the hedges added an element of surprise to the garden. To allow the pond to be enjoyed in all its glory I placed a bench behind the hedges.

Tuin te Schuddebeurs
Een opdrachtgeefster met groene vingers

Er is veel te leren van de ideeën van vroegere tuin- en landschapsarchitecten, ideeën die soms even eenvoudig als geniaal waren. Hieraan dacht ik toen ik aan de rand stond van een groot, flauw naar beneden afdalend grasveld, waarachter een fraaie waterplas lag met een weelderige begroeiing. Wat moest ik doen: volop van die waterpartij laten genieten of er juist niet alles van laten zien? Voor mij was de keuze niet moeilijk.
Ik creëerde een omkaderde doorkijk naar het water door links en rechts twee hagen te planten. Zo ontstond er bij het huis een omhaagde tuin geschikt voor bijvoorbeeld bloemen in een bepaalde kleur. Daarna, na de hagen die het uitzicht deels wegnemen, volgde de verrassing van de gehele waterplas. Een bank achter deze twee hagen geeft gelegenheid om hier volop van te genieten.

My client is an avid plant collector and has a unique gift for creating elegant combinations. I supplied the basic idea for the division of the garden, the various moods and the colours per area and then she took care of the rest, coming up with inspired creations year after year. This was made easier by dividing each part of the garden into compartments, each with a different colour and mood. This created several mini-gardens, separated by hedges, in a larger space. The white-blue garden with lots of grey foliage and white roses was in the centre with a spring shrub garden complete with winding paths to the right of it. The spring shrubs are placed behind one of the two hedges I mentioned earlier, forming a delicate world of blossom in contrast to the dark *Taxus* hedge beneath. To the left of the central garden is a large garden comprising mainly roses and purple shades. Yellow-flowering shrubs complete the picture in a second shrub garden with hostas and ferns as perennials.

Deze opdrachtgeefster is een verwoed plantenverza-melaar en heeft de zeldzame gave er verfijnde planten-combinaties mee samen te stellen. Nadat het basisidee voor de indeling, de sfeer en kleuren per deel van de tuin waren bepaald, zorgde zij voor variatie door ieder jaar weer nieuwe plantencombinaties te creëren. Dit werd vergemakkelijkt door een indeling per tuingedeelte qua kleur en sfeer te maken. Zo ontstonden vele tuinen in een door hagen van elkaar gescheiden groots geheel. De wit-blauwe tuin met veel grijs blad en witte rozen kwam centraal, met rechts daarnaast een voorjaarsheestertuin met slingerpaden. Die voorjaarsheesters staan achter één van de twee beschreven hagen en vormen een tere wereld van bloesem boven die donkere *Taxus*-haag. Links van de centrale tuin ligt een grote tuin met vooral rozen en purperen tinten. Er is tot slot nog een tweede heester-tuin met geelbloeiende heesters en als vaste planten *Hosta* en varens.

Future unknown

Unfortunately not all beautiful garden creations can survive forever – it often depends on the ability of the owners to tend the garden or what intentions any new owners may have. And this is the case right now – as I write this in the summer of 2009 it is currently unclear what will happen to this very high-maintenance creation.

Het noodlot voor tuinen

Helaas kunnen niet alle mooie tuincreaties eeuwig blijven bestaan als de eigenaren het niet meer kunnen onderhouden. Dan zal er onzekerheid ontstaan over wat de volgende eigenaren ermee zullen doen. Zo ook is het op het moment dat ik dit schrijf, zomer 2009, onzeker wat er met dit zeer bewerkelijke complex zal gebeuren.

Garden in
Sint Truiden, Belgium
Flowers in abundance

I was asked for advice on the walled kitchen garden on a large country estate in Belgium. The owner, an architect, had built a modern whitewashed house for himself and his wife. The garden comprised three clearly defined sections.

Tuin te Sint Truiden, België
Bloemen in overdaad

Voor de ommuurde moestuin van een groot landgoed in België werd ik om advies gevraagd. De architect, eigenaar, had binnen de bakstenen muren een modern witgeschilderd huis voor zichzelf en zijn echtgenote gebouwd. De tuin bestond uit drie van elkaar te onderscheiden delen.

The approach

Behind the large gate was a courtyard containing a nice pond, although the tall conifers around it created an air of gloom. Removing these imposing giants to lighten and brighten the courtyard, I replaced them with a few catalpas along with cubes of yew and white-flowering hydrangeas.

A new summer house and the flower garden

Just out of view from the approach there is a large garden with a number of tall Italian poplars at the far end *(Populus nigra* 'Italica'). I designed a pretty summer house in front of these trees, accessible via a path planted with lots of white flowers such as roses and other perennials. A spacious lawn connects the house's sitting room and the summer house. To the right there are lots of hydrangeas planted in the shade of the evergreen pines *(Pinus)* to guarantee some colour well into the autumn.

De entree

Door een grote poort kwam men in een voorhof waar een aardig waterbassin aanwezig was. Er stonden hoge coniferen omheen die de sfeer somber maakten. Door die donkere gevaarten weg te halen, werd de voorhof vrolijk en licht. Ervoor in de plaats kwamen enkele bolcatalpa's in combinatie met taxusblokken en witbloeiende hortensia's.

Een nieuwe zomerkamer en de bloementuin

Net niet zichtbaar vanaf de entree ligt een grote tuin met aan het einde een aantal hoge Italiaanse populieren *(Populus nigra* 'Italica'). Hiervóór werd een fraaie zomer-kamer gebouwd. Een pad met veel witbloeiende rozen en vaste planten verbindt de entree met deze zomer-kamer. Een ruim grasveld vormt de verbinding tussen de woonkamer van de villa en de zomerkamer. Rechts daarvan zijn in de schaduw van wintergroene dennen *(Pinus)* veel hortensia's aangeplant, zodat daar ook in het najaar veel kleur te bewonderen valt.

A garden on several levels

Many different moods can be created in a garden on several levels since not everything is visible at any one time. A certain amount of imagination is required but it is also essential to think of practical solutions for connecting the different levels. In this case the collaboration between the owner (architect) and me (landscape architect) was exellent. We had both wanted to create a sense of surprise within an appealing framework of design. The end result was a series of lush flower gardens interconnected by lawns, walls and steps.
First of all a wide straight grassy path led from the approach from this part of the garden to a specially designed garden bench made of stone. All of the plants are white here too and this, combined with *Taxus* hedges planted in squares, presents an attractive wintery scene. On a much lower level, and out of view from this white garden, there is a bright multi-coloured flower garden and on an even lower level there is a lawned garden with daylilies *(Hemerocallis)*.

Een tuin met hoogteverschillen

In een tuin met zoveel hoogteverschillen is niet alles in één oogopslag te ontdekken. Dit heeft als groot voordeel dat er verschillende sferen kunnen worden gecreëerd. Daarvoor is fantasie nodig, maar ook is het nodig dat er oplossingen worden gerealiseerd voor het opvangen van de hoogteverschillen en het maken van goede verbindingen tussen de verschillende niveaus. Hier was de samenwerking tussen de eigenaar/architect en mijzelf/tuinarchitect ideaal. Allebei beschikten we over gevoel voor verrassing en fraaie vormgeving. Het resultaat was een serie weelderige bloementuinen die via gras, muren en treden met elkaar werden verbonden.
Als eerste kwam er een breed recht graspad vanaf de entree van dit tuingedeelte naar een speciaal ontworpen bank van steen. Ook hier zijn de kleuren van de planten wit. *Taxus*-hagen in vierkante blokken zorgen er voor een bijzonder winterbeeld. Veel lager gelegen en onzichtbaar vanaf deze witte tuin ligt een bonte bloementuin met veel kleuren. Nog weer lager ligt een tuin met veel gras en daglelies *(Hemerocallis)*.

Garden in Stevoort, Belgium

'Garden rooms' full of surprises

During the time of the Renaissance in the 15th and 16th centuries 'rooms' would be created in large gardens just as they would indoors, with each room having its own theme. Sometimes there would be large pots containing orange or lemon trees or there would be a fountain or statue as the focal point. The idea of dividing the outside area into 'garden rooms' regained popularity in the 20th century, in particular in England. They would often be planted with perennials of just one or two colours and/or roses, although there might also be a rectangular or circular pond. This idea can still be used effectively nowadays, whether in large or small gardens.

Tuin te Stevoort, België

Tuinkamers vol verrassing

In de Renaissance, de wedergeboorte van de 15e en 16e eeuw, werden buitenruimtes als kamers ingericht. Kamers als in een groot gebouw, met voor iedere tuin-kamer een eigen thema. Soms kwamen daar potten te staan met sinaasappel- of citroenboompjes. Dan weer werd er een fontein centraal opgesteld of stonden er veel beelden. Dit idee, de buitenruimte verdelen in tuin-kamers, is in de 20e eeuw opnieuw populair geworden en wel als eerste in Engeland. Vaak werden ze met één of twee kleuren vaste planten en/of rozen gevuld, maar soms ook kwam er een lange of een ronde vijver. Dit idee kan nog steeds met veel succes worden toegepast, in kleine en in grote tuinen.

The garden with 'rooms'

The Belgium countryside is hugely varied and the soil around Sint Truiden in the north-east of the country tends to be moist, loamy and hence particularly good for orchards. In the grounds of a modern house not far from there, a front garden was already in place but I was allowed to add various new elements – garden rooms – to it over the years. One time I created a 'roses and perennials' garden including a water feature from Interart Beeldentuin. Next to an existing swimming pool I designed a series of squares filled with lush flowering perennials and a metal gazebo where the owners could sit to enjoy meals and drinks. I laid an architectural terrace with cubes of *Buxus* and catalpas with a bit further along a narrow elongated pond edged with perennials. I created a new flower garden around the outside of a wooden conservatory. All of these elements were interconnected with paths, seating areas of various sizes, hedges and topiary cubes, coming together to form a logical whole with many unexpected and exciting touches.

The front garden

A long asphalt drive leads in a slight curve from the road to the front door. I added some architectural touches to this fairly boring driveway using hedges, placing most of them at right angles. The front door received a canopy of shade trees, I added *Buxus* elements and lots of white-flowering perennials and roses. This resulted in a gorgeous garden that is tended to by the family members themselves.

De tuin met de kamers

België kent een enorm gevarieerd landschap. Bij Sint Truiden, in het noordoosten, is de grond lemig, vochthoudend en geschikt voor fruitgaarden. Bij een modern huis daar vlakbij lag al een eerste aanleg van een voortuin. Hieraan mocht ik de in de loop van vele jaren steeds nieuwe elementen, tuinkamers toevoegen. Zo kwam er een rozen-met-vasteplantentuin met daarin een waterbeeld van Interart Beeldentuin. Bij een bestaand zwembad creëerde ik een serie vierkante vakken gevuld met rijk bloeiende vaste planten en een metalen prieel om in te eten en te drinken. Er kwam een architectonisch terras met *Buxus*-blokken en bolcatalpa's, en verderop een lange smalle vijver met ook weer vaste planten langs de rand. Rondom een houten kas werd een nieuwe bloemhof gecreëerd. Alle elementen werden door middel van paden, kleine of grote zitplekken, hagen en gesnoeide haagblokken met elkaar verbonden tot een logisch geheel waar nu volop spanning aanwezig is.

De voortuin

Een lang, iets gebogen asfaltpad leidde van de openbare weg naar de voordeur. Dit op zich vrij saaie pad kreeg een sterk architectonische begeleiding met hagen, die hier meestal dwars op werden gesitueerd. De voordeur kreeg een dak van platanen, er kwamen *Buxus*-elementen en veel witbloeiende vaste planten en rozen. Zo ontstond een prachttuin, waar alles door de familie zelf wordt onderhouden.

Spiritual
gardens
Spirituele tuinen

Spirituality in gardens

Every garden, big or small, can be more than just functional and nice to look at – a garden can also be spiritual. In some gardens the spirituality is clearly evident but in most gardens there is no conscious focus on spiritual elements. And what might these elements be? Symbolism is the key.

Spiritualiteit in tuinen

Iedere tuin, groot of klein, kan meer zijn dan alleen maar mooi en functioneel. Een tuin kan ook spirituele waarden hebben. In sommige tuinen staat de spirituele beleving centraal, maar in de meeste tuinen is men zich niet eens bewust van de spirituele elementen. Wat zijn deze elementen dan? Een grote rol is weggelegd voor symboliek.

Spiritual
gardens

Plants can be very symbolic. The work of the English poet Robert Graves, who wrote about ancient Celtic myths, demonstrates for example the symbolism the Celts attached to many plants. I've studied this Celtic symbolism together with Rob Docters van Leeuwen and published the findings in a book: *Hortus Spiritualis* which examines the garden as a source of spiritual and creative inspiration. This also led to me designing a Celtic garden in Uitwijk. Christianity also attaches symbolism to plants. For example, the iris represents the Virgin Mary and the red-violet colour of the *Rosa gallica* symbolises the blood of Jesus Christ. Shapes can also be symbolic. In Japanese zen gardens the oval island of moss surrounded by gravel raked into the shape of waves represents a turtle swimming in the ocean which in turn symbolises life after death.

Another spiritual shape in Christianity is the labyrinth. When I was designing my own monastic garden at the former monastery known as Heuvelhof in Zeeland I did a lot of research into gardens from that period. I learned about the significance of labyrinths and visited the medieval one laid into the floor in front of the altar at Chartres Cathedral in France. Walking this labyrinth would symbolise a pilgrimage to Jerusalem, the Holy Land. Many monastery gardens have a labyrinth as a place for self-reflection so it should come as no surprise that I included a spiritual labyrinth at Heuvelhof – one made out of tall beech hedges and concealed gardens.

In Japanese gardens, the spirituality comes not only from the symbolism but also from the restrained design. Without the distraction of strong colours, shapes or smells, one can better achieve a state of self-reflection and meditation.

This is in stark contrast to landscape design in the Middle East where the aim is to create a complete sensory experience in the garden and surroundings: wonderfully scented flowers to tickle the nose, gorgeous colours to feast the eyes upon, the sound of running water and the sweet taste of an orange or a fig hand-picked from the orchard. There are symbolic shapes too such as two rectangular ponds in the shape of a cross representing the four great rivers of the ancient world – the Euphrates, the Tigris, the Nile and the Ganges.

Spirituality in your own garden: some suggestions

When designing your garden you can integrate spiritual elements into paths, planting schemes and water features. You can use hedges to create calm areas with a meditative feel. You can create an irresistible tactile effect by planting ornamental grasses so that they are brushed against as you walk by. With its smooth surface a pond can act as a mirror, creating a mood of self-reflection. Planting fruit trees can help to reinforce the awareness of the circle of life – growing and blossoming, harvesting and producing seed again. Any rose enthusiast will not only be captivated by their colours and scents but will also consider what they symbolise. White roses – symbolising purity and innocence – will most likely be chosen over red roses that stand for love, fire and passion. As anyone who fills their balcony or terrace with white flowers knows, all pretensions are forgotten in the face of simplicity and pure beauty.

Spirituele
tuinen

Planten kunnen symbolische waarde hebben. Zo kenden de Kelten aan veel planten symbolische waarde toe. Dit blijkt onder meer uit de oude Keltische sagen, die de Engelse schrijver Robert Graves in dichtregels vastlegde. Met Rob Docters van Leeuwen heb ik deze Keltische plantensymboliek bestudeerd en onder meer daarover een boek geschreven: *Hortus Spiritualis*, de tuin als spirituele en creatieve inspiratiebron. Het leidde ook tot de aanleg van een Keltische tuin in Uitwijk. Ook in christelijke culturen wordt aan planten symbolische betekenis gegeven. Zo vertegenwoordigt bijvoorbeeld de iris de koninklijkheid van Maria en staat de rood-violette kleur van de *Rosa gallica* symbool voor het bloed van Jezus. Behalve planten kunnen ook vormen symbolische betekenis hebben. Zo stelt in Japanse zentuinen het ovale eiland van mos in het in golven geharkte grind, een schildpad voor zwemmend in de zee. Deze schildpad symboliseert het leven, dat doorgaat na de dood. Een andere spirituele vorm is het labyrint in christelijke culturen. Toen ik mijn eigen kloostertuin aanlegde bij het voormalige klooster in Zeeland, Heuvelhof genaamd, maakte ik vooraf veel studie van de tuinen uit die periode. Ik las over het labyrint en bezocht om die reden het middeleeuwse labyrint in de kathedraal van Chartres, Frankrijk. De stenen in de vloer voor het altaar vormen een labyrint. Lopend hierover werden de kloosterlingen in gedachten naar Palestina, het heilige land, geleid. Ook veel kloostertuinen hebben een labyrint als plek waar men tot inkeer kan komen. Het zal u niet verbazen dat ik zelf ook zo'n spiritueel labyrint aanbracht in mijn tuin Heuvelhof. Een labyrint dat uit hoge beukhagen en te ontdekken tuinen bestaat.

In Japanse tuinen heeft niet alleen de symboliek een spirituele functie. Hetzelfde geldt voor de sobere inrichting. Zonder afgeleid te worden door opvallende kleuren, vormen of geuren kan men zich in zichzelf keren en tot bezinning komen: mediteren.

In de Arabische tuinkunst gaat men uit van het tegenovergestelde. Daar probeert men zo veel mogelijk zintuigen te betrekken bij het beleven van de tuin, de wereld om zich heen. De neus ruikt heerlijk geurende bloemen, het oog ziet prachtige kleuren, het oor hoort water klateren, de mond proeft een uit de tuin geplukte sinaasappel of een vijg. Daarnaast zijn er ook symbolische vormen, bijvoorbeeld twee rechte vijvers die elkaar in het midden kruisen: zij symboliseren de vier grote rivieren van de oudheid: de Euphraat, de Tigris, de Nijl en de Ganges.

Kitchen gardens – implicitly spiritual

It is interesting to observe how many of us are reacting to the threats to our planet. People are becoming increasingly aware of the importance of eating better and indulging less as a way to improve their health and an extension of this is a greater interest in where our food actually comes from. Admittedly it may be difficult to keep your own cows, sheep and chickens but there is usually enough space for a kitchen garden, albeit a modest one. It is as if you are making a pact with the earth, the water and the insects. You have to learn about how things grow, when to harvest and how to prepare your home-grown produce which all serves to strengthen your bond with plants. If we can get past the somewhat weighty name, there are many ways for all of us to add an element of spirituality, and hence an extra dimension, to gardening.

Spiritualiteit in eigen tuin: enkele suggesties

Bij het ontwerpen van een buitenruimte kunnen spirituele elementen worden verwerkt in het geheel van paden, beplantingen, water. Er kan bijvoorbeeld met hagen zo worden gewerkt dat er stille plekken, meditatief van sfeer worden gecreëerd. Men kan siergrassen zo planten, dat ze worden aangeraakt als men erlangs wandelt. Hierdoor voelt ieder de aaibaarheid van planten. Vijvers kunnen een spiegel zijn waarin men de eigen omgeving ziet, zo zelfreflectie mogelijk makend. Door vruchtbomen aan te planten wordt men zich bewust van de eeuwige cirkel van bloeien, groeien, oogsten en weer zaad produceren. Wie zich verdiept in rozen, zal niet alleen letten op hun kleur en geur, maar zich afvragen waar ze symbool voor staan. Witte rozen als symbool voor het zuivere, het pure, de onschuld, zullen dan misschien eerder worden gekozen dan felrode rozen die voor hartstocht, vurige emoties en liefde symbool staan.
Wie zijn balkon of terras vult met witte bloemen, weet dan waarom die keus wordt gemaakt: alle pretentie wordt vervangen door een behoefte aan eenvoud, aan pure schoonheid.

Moestuinen, impliciet spiritueel

Interessant is het om te zien hoe velen van ons reageren op de bedreigingen van onze aarde. Steeds meer wordt men zich bewust van het belang van gezond eten en het afzweren van overdaad, wat leidt tot uitpuilende, slecht functionerende lichamen. Hier komt de behoefte vandaan om zelf te kunnen controleren waar ons voedsel vandaan komt. Nu zal het vaak moeilijk zijn om zelf koeien, schapen en kippen te houden, maar meestal is er wel plaats voor een moestuin, klein of groot. Dit nu is ook al een verbond dat men met de aarde, het water, de insecten sluit. Men verdiept zich in groei, in oogsten en het optimaal bereiden van wat men zelf kweekt. Een verdieping van het omgaan met planten is het resultaat. Zo kan spiritualiteit, ontdaan van zijn ietwat zwaarwichtige naam, op vele manieren door ieder van ons worden toegepast. Tuinieren krijgt zo een extra glans.

Zen gardens – explicitly spiritual

In our ever more hectic lifestyles, people are increasingly searching for tasteful ways to get away from it all. They prefer the peaceful mood of restrained lines and dark green over an explosion of colour. They can appreciate the simplicity of a swaying bamboo stem. And this perfectly maintained world oozes total serenity.
Various scenes in nature create this effect – gazing out over a calm sea, the shadows of fluffy clouds on a sunny meadow, a few pine trees in an open field – but it is not easy to re-create these situations in your own garden. So how can you capture this calm sense of restraint? It is difficult to get the balance just right without going over the top or to keep it simple without it becoming boring.

The zen gardens in Japan are a great source of inspiration and there are many books on the subject if a trip is out of the question. I should point out that zen gardens are just one aspect of Japanese landscape design. It is no surprise however that the zen style is currently enjoying such international popularity; zen gardens are a place for meditation, self-reflection and contain just one element on which to focus the mind – other distractions are unwelcome.
Once again it is a case of 'less is more' but these gardens are far from boring. In fact they are so diverse that it is difficult to define what makes a garden 'zen' – which I consider a good thing since the last thing we want is standardisation. However there are a few things we can learn from this wide diversity.

Lessons in 'zen'

The first Japanese gardens were as reproduced as realistically as possible from scenes in Chinese paintings – a landscape, a river, rocks etc. These gardens only worked from one angle – viewed while sitting on the verranda or from the house the composition was perfect. Examples of this style, dating back centuries, are the Sambo-in, the Shisendo and the Daisen-in in Kyoto.
As pagan beliefs increasingly made way for Buddhism, garden design also changed with the addition of symbolic shapes such as an oval or elongated 'island' of moss surrounded by gravel raked into the form of waves. The oval shape represents a turtle in the ocean, symbolising life after death. The elongated shape symbolises a bird, the crane, known for carrying a person's soul into the next life. Sometimes stones or a prettily clipped pine, *Pinus*, are placed in the moss islands.
Zen gardens can have a wide range of backdrops. The stone wall around Japan's most famous zen-meditation garden, the temple gardens of Ryoan-ji, completes the calm scene of low rocks surrounded by a large area of raked gravel. It's about focusing the mind, meditating – there's no risk of being distracted by fancy trees or moss shapes beyond the wall.

Zentuinen, expliciet spiritueel

Steeds meer bewoners van onze steeds voller wordende wereld zoeken in hun eigen omgeving een gestileerde rust. Men wenst niet opgewonden te raken van een eclatante kleurenpracht, maar zoekt juist rust in sobere lijnen van licht en donker groen. Men geniet van de eenvoud van een bewegende bamboetak. En in deze perfect onderhouden wereld heerst volkomen rust.
Op veel plaatsen in de natuur kan men zo'n beleving hebben, kijkend over een kalme zee, over een grasveld met enkele schaduwvlekken, enkele dennenbomen in een veld van mos of zand. Nu is dit herscheppen in de eigen tuin een moeilijke opgave. Hoe creëert men die verstilde soberheid? Al snel wil men te veel of in een te kleine maat en ontstaat er geen magie maar saaiheid.

Om inspiratie op te doen kan men in Japan zentuinen bezoeken of foto's ervan bestuderen. Besef wel dat zentuinen slechts één aspect vormen van een veel breder spectrum aan tuinen dat in Japan te vinden is. Dat nu juist de zenstijl zo wereldberoemd geworden is, is verklaarbaar. Zentuinen zijn gecreëerd om er te kunnen mediteren, tot rust te komen, door de blik op één element te concentreren. Om die reden moet er zo weinig mogelijk zijn dat de aandacht afleidt. Ook hier geldt: *less is more*. Toch zijn deze tuinen niet saai. Bovendien zijn ze onderling zo verschillend, dat ze nauwelijks in één formule te vatten zijn. Gelukkig maar, want iedere standaardisering is dodelijk. Toch is er wel degelijk een aantal lessen te trekken uit deze verscheidenheid.

Lessen in Zen

De eerste Japanse tuinen werden zo realistisch mogelijk nagebouwd van uit China afkomstige schilderingen van een landschap, een rivier, een rotspartij. Deze tuinen kon men slechts vanaf één kant bekijken. Zittend op een overdekte veranda of tussen schuifdeuren had men zicht op een perfecte compositie. De Sambo-in, de Shisendo en de Daisen-in in Kyoto zijn hier eeuwenoude voorbeelden van. Toen de oorspronkelijke natuurgodsdienst steeds meer plaats moest maken voor het boeddhisme, veranderde ook de vormgeving van de buitenruimte. Als eerste werden er soms symbolische vormen toegepast, zoals een eiland van mos in een ovale of langgerekte vorm in een veld van grind. Dit grind dat in golvende lijnen is geharkt, staat symbool voor de zee die om het eiland heen stroomt. De ovale mosvorm, de schildpad, staat voor het leven, dat doorgaat na de dood.

Interpretation of the zen garden

Whilst you should never want to copy a work of art, there's nothing wrong in using it as a source of inspiration. Start by thinking of a nice composition using just a couple of calming elements. For example, shrubbery pruned into straight or curved shapes extending from the side into the centre. Tall elements could be a single pine, *Pinus*, preferably pruned in a stylized open shape and/or bamboo with its low branches removed. The ground cover should preferably be gravel, although moss or grass are fine too, and there could be stepping stones winding a decorative path across the ground. Green topiary elements can be placed at the sides of the composition but avoid creating symmetry. Following the Japanese example you would edge the space with a hedge or a wall but this is not essential providing the rest of the surroundings are conducive to calm.

While Japan demonstrates great respect for ancient traditions in all its artistic forms, there is still scope for one's own interpretation providing one adheres to the basic rules: restraint, a keen eye for the overall composition and perfect maintenance. A garden does not need to be large to be 'zen' but work with larger-sized elements if you do happen to have a lot of space. If you wish to deviate from the ancient traditions, you might incorporate topiary shapes that may be square instead of round. Or perhaps you elect to create a modern zen garden comprising nothing more than the gorgeous black bamboo canes of *Phyllostachys nigra* in the middle of a patch of white gravel or some calm green ground cover.

Het langgerekte eiland symboliseert de kraanvogel, die de menselijke ziel meeneemt naar een volgend bestaan. Dit zijn dus al drie symbolen. In de eilanden van mos worden soms enkele stenen geplaatst, net zoals er vaak een fraai open gesnoeide den, *Pinus*, in zal staan. De achtergrond in een zentuin kan heel verschillend zijn. In de beroemdste zen-meditatietuin van Japan, de Ryoanji tempeltuin, heeft men rond de rechthoekige tuinruimte een muur geplaatst. Zo kan men de blik laten rusten op een compositie van stenen, in een groot veld van geharkt grind. De focus is gericht op meditatie, men wordt niet afgeleid door de fraaie bomen en mosvelden die zich achter de muur bevinden. Concentratie op weinig, daar gaat het om.

De niet-Japanse zentuin

Men moet een kunstwerk nooit willen kopiëren, wel kan het dienen als bron van inspiratie. Probeer zelf een fraaie compositie te bedenken met slechts een paar elementen die vooral rustgevend zijn. Dit kan met een rond of plat gesnoeide groene beplanting, die vanaf de zijkant naar het midden wijst. De hoge elementen worden gevormd door een enkele den, *Pinus*, die liefst in een grillige open vorm is gesnoeid, en/of een bamboe die van onderen is opgesnoeid. Wellicht komen er stapstenen die een sierlijke slingerrichting aangeven in de ondergrond die liefst uit grind maar ook uit mos of gras kan bestaan. Aan beide zijden van de compositie is plaats voor groene geschoren elementen. Vermijd hierbij symmetrie. Naar Japans voorbeeld zou men zo'n tafereel met een haag of muur kunnen omgeven. Dit is echter niet nodig als de omgeving rustgevend is.

Opvallend in Japan is het respect voor oude tradities in alle vormen van kunst. Wie echter een eigen interpretatie wil maken, staat dat volledig vrij, míts de basisregels van soberheid, perfecte compositie en volmaakt onderhoud worden gerespecteerd. Groot hoeft een zentuin niet te zijn, maar hebt u veel ruimte, realiseer dan de beschreven elementen in grote vormen. Wie zich helemaal niet wil houden aan oude voorbeelden, zal zelf iets bedenken met geschoren groene vormen die net zo goed rechthoekig als rond kunnen zijn. Wellicht bestaat zo'n moderne zentuin alleen maar uit fraaie zwarte bamboestammen van de *Phyllostachys nigra* in een veld van wit grind of een rustige, groene bodembedekker.

Garden in Sint Truiden, Belgium

Turning Japanese

The clients purchased a plot of land next to their garden, which I had designed previously, and asked me to design a zen garden for this space.

The focal point was to be a big new pond which would be laid in front of the clients' newly-built extension, their library room. I designed one large waterfall and several smaller ones to increase the oxygen in the water and enable the waterflow to be filtered. Beyond the pond I designed a wooden deck although more for decoration than for practical use. The curved beds are planted with bamboo, ornamental grasses and lots of Japanese azaleas. On a practical level this had the added benefit of hiding the high wall of a neighbouring office building from view. Bonsais are strategically placed on some of the terraces.

The result is a flavour of Japan in the Belgian city of Sint Truiden for a family that admires not only the ancient traditions but also the modern side of the land of the rising sun.

Sint Truiden, België

Een tuinkamer krijgt een Japanse sfeer

Doordat de opdrachtgevers een terrein aankochten naast hun al eerder door mij ontworpen villatuin, ontstond de mogelijkheid tot het aanleggen van een zentuin. Uitgangspunt werd een nieuwe, grote vijver vóór de bibliotheekachtige nieuwbouw. Een aantal lage en één hoge waterval werden geïntroduceerd, waardoor zuurstof in het water wordt gebracht en de waterstroom kan worden gefilterd. Achter de vijver ligt een houten terras, dat meer dient als plek om naar te kijken dan om er echt te gaan zitten. Bamboe, siergrassen en veel Japanse azalea's vullen de plantvakken die in gebogen vormen zijn aangelegd. Zo wordt onder meer de hoge muur van een ernaast gelegen kantoor aan het zicht onttrokken. Op enkele terrassen zijn bonsai's op belangrijke plekken geplaatst.

Zo is in het Belgische Sint Truiden een Japanse sfeer gecreëerd voor een familie met bewondering voor het oude maar vooral ook het moderne land van de ondergaande zon.

Garden in Groede

Ornaments add a touch of spirituality

I was asked to give a part-finished garden in the historic village of Groede in Zeeuws-Vlaanderen a modern facelift. At 100 metres the garden is long but also narrow, like a corridor. I removed part of the existing patio and divided the long garden into sections, starting with a stony part. This did not require many green elements – there are a mix of taller and shorter topiary shapes of beech and *Taxus* and a few ornamental grasses. One particular feature is a spectacular stone table by the German artist Franz Josef Vanck. The long table is placed lengthways in the garden in contrast to all the other lines that run crossways. By that I mean all the steps, which were necessary to compensate for the living room, kitchen and outhouse being on different levels and which were laid across the entire width of the garden to help to reduce the corridor effect.

Tuin te Groede

Beelden brengen spiritualiteit

In een historisch interessante dorpsstraat in Groede, Zeeuws-Vlaanderen, werd ik gevraagd om aan een deels bestaande tuin een moderne facelift te geven. De tuin is 100 meter lang en niet al te breed, een echte 'pijpenla' dus. Er lag al een terras, dat geheel werd weggehaald. De lengte van de tuin werd in stukken verdeeld, beginnend met een stenig gedeelte. Hier waren weinig groene elementen nodig: er staan hoge en lage groene snoei-vormen van beuk en *Taxus*, en enkele siergrassen. Bijzonder element is een spectaculaire hardstenen tafel van de Duitse kunstenaar Franz Josef Vanck. De lange tafel staat in de lengterichting van de tuin, terwijl alle andere lijnen hier in de breedte lopen. Dat wil zeggen: de diverse treden die nodig waren om de hoogteverschillen tussen woonkamer, keuken en schuur op te vangen, werden over de volle breedte van de tuin aangelegd. Deze breedtelijnen nemen het pijpenla-effect weg.

The owners already had three small and pretty bronze female statues in their possession, which I placed to the side of the table on tall plinths made of Belgian bluestone, which was also used to make the steps. This high terrace is laid in scoria bricks, a 12cm long brick with a grey-blue glaze made in Manchester, England. Each brick has a slightly different shade which prevents this large 'square' becoming boring.

De eigenaren bezaten drie fraaie kleine beeldjes van brons: vrouwenfiguren. Deze zijn bij de tafel geplaatst op hoge sokkels van Belgisch hardsteen, waarvan ook de traptreden zijn gemaakt. De verharding van het hoge terras bestaat verder uit scoriabricks, een uit Manchester, Engeland, afkomstige hoge (12 cm) klinker met een grijs-blauwe glazuurlaag. Ieder oppervlak heeft een andere tint, zodat dit grote 'plein' nooit saai zal zijn.

The wooden gazebo

A roof atop wooden posts partly covers the terrace and provides a shaded area on the stone floor. The owners eat here if it's raining or if it's too hot for them to sit at the stone table.

Het houten prieel

Een dak op houten palen overdekt gedeeltelijk het terras en voorziet de stenen vloer zo van een donker deel. Hier eet men meestal als het regent of als de zon te fel is om aan de hardstenen tafel te eten.

The rest of the garden

I created three different moods in the rest of the garden, with grass as the common theme. In the first section I designed diagonal *Taxus* hedges, lots of ornamental grasses and flowering plants such as roses and perennials. This garden culminated in a large metal gazebo with a glass roof. Beyond that, in the second section, I planted a criss-cross of Portugal laurel hedges, *Prunus lusitanica*, which again helped to reduce the feeling of length. I designed a flower garden in this section, planting all of the perennials that were in other parts of the garden here in rows, and a kitchen garden with lots of different sorts of berries and fruit trees. The third and final – shady – section of the garden is at the far end, with a gate providing access out onto the road. When the family has been out cycling they come in through this gate and along one of the two paths that run in a straight line the whole length of the garden. In this darker part of the garden I've kept the existing old trees and have added shade-loving plants such as hydrangea, *Rhododendron* and evergreen ground cover. A replica of the wooden gazebo close to the house has been built here and is used to store firewood.

De rest van de tuin

In de rest van de tuin werden drie verschillende sferen gecreëerd, die door gras met elkaar zijn verbonden. Het eerste deel kreeg diagonale *Taxus*-hagen, veel siergrassen en bloeiende planten zoals rozen en vaste planten. Deze tuin eindigt in een groot metalen prieel met een glazen dak. Daarna, in het tweede deel, werden veel achter elkaar opgestelde dwarshagen van Portugese laurierkers, *Prunus lusitanica*, geplant. Deze zorgen er ook weer voor dat de lengte wordt onderbroken. In dit gedeelte kwam een pluktuin, met alle vaste planten die in de tuin al aanwezig waren in rijen naast elkaar. En er kwam een moestuin, met veel bessensoorten en veel fruitbomen.

De laatste en derde, schaduwrijke tuin ligt aan het einde. Hier is een poort die toegang geeft tot een openbare weg. De fietsers van de familie komen hier binnen en rijden dan over één van de twee paden, die kaarsrecht in de lengte van de tuin lopen. In dit donkere deel staan de oude bomen, die al aanwezig waren. Hierbij werden schaduwminnaars als hortensia, *Rhododendron* en wintergroene bodembedekkers geplant. Er werd verder een kopie van de dakconstructie bij het huis gebouwd, waaronder nu brandhout ligt.

The garden's trees and boundaries

The brick terrace next to the house is edged on the right-hand side by a large beech and on the left by tall *Taxus* bushes. An old cherry tree stands more or less in the centre of the garden – somewhat impractical but the owners wanted it to stay – now providing shade to the iron gazebo. New fruit trees have been planted along the paths thus emphasising the length. Hedges form part of the boundaries on the left and right whereas other sections are just mesh fencing covered with climbing plants to create some privacy.

At the moment, we have now entered a new phase of this interesting village garden. I designed long diagonal lines running through the garden that create spaces for ornaments and the owners are devoting much time and energy to finding the right pieces.

De bomen in de tuin en de erfgrenzen

Het verharde terras bij het huis wordt rechts afgesloten door een grote beuk, links door grote *Taxus*-bomen. Een oude kersenboom staat ietwat onhandig, min of meer in het midden van de tuin. Hij bleef op verzoek van de eigenaren staan en hangt nu over het ijzeren prieel. Nieuwe fruitbomen zijn langs de paden geplant en benadrukken zo de lengte. De grenzen links en rechts bestaan soms uit hagen en soms alleen uit gaas met daarlangs bladverliezende klimplanten om het contact met de buurtuinen te behouden.

Nu is een volgende fase van deze boeiende dorpstuin in gang gezet. Ik bedacht lange diagonale lijnen door de tuin, die in grote lijnen de plekken aangeven voor beelden. De eigenaren verzamelen deze beelden met zorg en passie.

Garden in Groenlo (NEDAP)

Serenity and openness for a corporate site

The often spectacular design of the spaces around corporate buildings has created a new phenomenon in the landscaping sector. The renowned English landscape architect Russell Page, having worked for many of the 20th century's most wealthy figures, designed the landscaped area around the Pepsi Cola headquarters in New Jersey, USA. This set other businesses thinking about how they could put the space outside their often immense buildings to better use. Beautifully landscaped gardens have the power to inspire and overwhelm and in this day and age it's all about companies making the right impression on visitors.

The approach

The old building had been demolished leaving a large open space that I transformed into a square. In it I created an elongated pond that led to the entrance of the spectacular new office building designed by architect Bartijn. To accentuate the space the square includes only a couple of key focal points. Some rows of clipped hedges and ornamental limes block off the square at the south end. Four catalpas (Catalpa bungei) do the same at the main entrance.

Tuin te Groenlo (NEDAP)

Rust en openheid op een bedrijfsterrein

Een nieuw fenomeen in de tuinwereld zijn de vaak spectaculaire tuinen die bij bedrijven worden aangelegd. Russell Page, de befaamde Engelse tuinarchitect die werkte voor de rijken van de 20e eeuw, ontwierp voor Pepsi Cola in New Jersey, Amerika, landschappelijke terreinen rond de fabrieken van deze frisdrankfabrikant. Dit nu werd een impuls voor meer entrepreneurs om aandacht te schenken aan de omgeving van hun vaak immens grote gebouwen. Mooie tuinen gaven een bedrijf extra glans en zo kon het zijn dat bezoekers onder de indruk van terrein de vergaderzaal betraden.

Het entreeplein

Door de afbraak van het oude hoofdgebouw ontstond een grote open ruimte waarvan een plein werd gemaakt. Ik ontwierp daartoe een lange vijver die wees naar de entree van het nieuwe, spectaculaire, door architect Bartijn ontworpen ontvangstgebouw. Om de leegte te benadrukken werden op dit plein slechts enkele accenten geplaatst. Een paar rijen gesnoeide hagen en leilinden sluiten aan de zuidkant het plein af. Bij de hoofdentree hebben vier bonenbomen (Catalpa bungei) deze functie.

One winter's day a tall gentleman entered my landscape architecture bureau in Amsterdam. He was looking for someone who could design a Japanese-themed garden for his new, modern house. I took on the project, he was happy with the result and subsequently I became involved in the design of the gardens outside – and inside – the company for which he was one of the directors. This company is specialised in the development and manufacture of sophisticated security systems. To create more variety in terms of office space and a modern feel for the entire company all the old buildings had been gradually replaced by new buildings over the years. These buildings were designed by the architect Bartijn who is renowned for his skill with colours and materials and creating grandness with a modern-day twist. Since I was included in any new plans, the buildings and outdoor spaces evolved as one.

Op een winterdag betrad een lange heer mijn Amsterdamse tuinarchitectenbureau. Hij zocht iemand die een Japans geïnspireerde tuin bij zijn moderne nieuwe huis zou kunnen ontwerpen. Ik ontwierp, het resultaat beviel en vervolgens werd ik betrokken bij de aanleg van de tuinen rond en in het bedrijf waarvan hij een van de directeuren was. Dit bedrijf is gespecialiseerd in de ontwikkeling en productie van geavanceerde veiligheidssystemen. Omdat er behoefte ontstond aan steeds gevarieerdere werkruimtes en een moderne uitstraling voor het gehele gebouwencomplex , werden in de loop van vele jaren successievelijk alle oude gebouwen door nieuwe vervangen. Deze werden ontworpen door de architect Bartijn, die een groot gevoel voor kleuren en materialen heeft. Eigentijdse monumentaliteit is hem ook niet vreemd. Doordat ik bij alle nieuwe plannen betrokken werd, ontstond een uniek geheel van gebouwen en buitenruimtes.

1 auditorium + meeting rooms
  auditorium + vergaderruimtes
2 directors' offices
  directiekantoren
3 offices
  werkplaatsen
4 ponds with koi carp
  vijvers met koikarpers
5 natural stone wall with many metal waterspouts
  natuurstenen muurtje met vele waterspuwers van metaal
6 raised concrete terrace
  hoog gelegen terras met betonnen vloer
7 sloping concrete bridge
  schuin aflopende betonnen brug
8 stepping stones from the River Maas
  stapstenen van keien uit de rivier de Maas
9 gravel
  grind
10 ornamental grasses (Miscanthus sinensis 'Gracillimus')
  siergrassen (Miscanthus sinensis 'Gracillimus')
11 statues
  beelden
12 bonsai elements of Taxus and pine (Pinus)
  bonsaiachtige elementen van Taxus en den (Pinus)
13 low-level Japanese azaleas (Rhododendron)
  lage Japanse azalea (Rhododendron)
14 rocks
  hoge stenen
15 water purification plant (for the pond)
  waterzuiveringsgebouw (t.b.v. vijver)

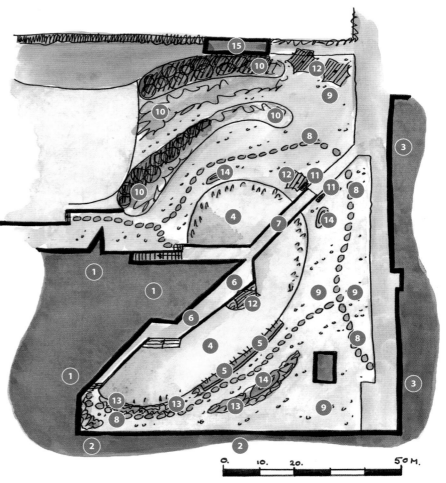

0. 10. 20. 50 M.

Contrasting shapes

One corner of the auditorium protrudes forming a triangular point. I neutralised this aggressive or perhaps I should say 'assertive' shape by designing a semi-circular koi pond around the tip of the triangle so that the building and the garden unite to create a whole. The space is filled with lots of gravel, a few bonsai trees, ornamental rocks and statues, and the entire sloping part to one side is planted with the ornamental grass *Miscanthus sinensis* 'Gracillimus'. There's a small building hidden from view containing the pond's purification system. The low semi-circular stone wall of small waterfalls helps maintain the oxygen level in the pond.

Low-key natural boundaries

During one of my many visits to discuss preparations for the construction of new offices we hit on the idea to create a sumptious planting scheme for the three sides of the site that were visible from the road. On one side this is adjacent to the charming front gardens of a row of terraced houses forming a nice transition between the company buildings and people's homes. A long meandering hedge of blue holly, *Ilex* x *meserveae* 'Blue Princess', creates a playful wall and disguises its real function as a boundary thus neutralising any potential feeling of aggression. In front of it we planted thousands of lavender bushes (*Lavandula* 'Hidcote').

Contrasten in vorm

Het auditorium heeft een hoek die in een scherpe punt uitsteekt. Deze agressieve of wellicht assertieve vorm neutraliseerde ik door er rondom een halfronde koivijver te laten aanleggen. Zo vormen het gebouw en de tuin een eenheid. Veel grind, enkele bonsaibomen, grote stenen en sculpturen vullen de ruimte, die aan één kant oploopt en daar geheel met middelhoge siergrassen, *Miscanthus sinensis* 'Gracillimus', is beplant. Een 'verstopt' gebouwtje herbergt de zuiveringsinstallatie voor de grote vijver. Deze vijver wordt van zuurstof voorzien door een halfronde lage wand van steen van waaruit vele watervalletjes in de vijver terechtkomen.

Onopvallende, natuurlijke erfscheidingen

Tijdens de vele bezoeken die nodig waren om steeds weer op nieuwe gebouwen te anticiperen, ontstond het idee om de drie kanten van het terrein die vanaf de openbare weg zichtbaar zijn, te voorzien van een prachtige beplanting. Aan één kant sluit deze aan bij de vriendelijke voortuintjes van een rij privé-woningen, zo een overgang creërend tussen de bedrijfshallen en de privé-huizen. Een lange meanderende haag van blauwe hulst, *Ilex* x *meserveae* 'Blue Princess', vormt hier een speelse wand en 'verstopt' een afscheiding; hier geen agressie opwekkende hekken. Ervoor werden duizenden lavendelstruiken (*Lavandula* 'Hidcote') aangeplant.

Two indoor gardens

The building has two indoor gardens. The larger of the two is adjacent to the coffee machine and can be used by employees who care to relax on one of the many Japanese wooden benches. A pond designed in the shape of the symbols for yin and yang has Japanese plants – including the Japanese acers, *Acer japonicum* and *Acer palmatum*, and *Nandina domestic* – on two sides adding to the air of mystery. We also used large rocks and flowering *Prunus* trees, some topiary shapes of *Pinus* and circular stepping stones edging the patio area.

The second indoor garden was laid in April 2009. Once again water – tumbling and reflective – is the key theme here and once again there are lots of Japanese wooden benches so that anyone who so desires can experience a moment of being outside whilst remaining in the safe confines of the security system that is so essential here, in this building full of security experts, to keep out unwelcome guests.

Regardless of all the security, part of the result outdoors can be enjoyed by neighbours and passers-by. The large square with its surprising soft music creates an oasis of open space and the garden is freely visible from the road. This supports Nedap's philosophy – openness and modern (landscape) architecture should be a constant source of inspiration.

Security

Most people would agree that feeling secure is one of the most important factors in their happiness. And security – in this case of gardens and outdoor areas – can't be taken for granted. Depending on the location it may be that a fence, a moat or a wall is required to guarantee that the property is secure. The open market is all about matching supply and demand and the company Nedap has developed a range of extremely sophisticated security systems to address security issues faced by prisons, stations, courts of law and airports, to name but a few. In spite of this the company's own approach, a large square, is not secure – instead it is accessible to anyone and everyone who wishes to enjoy the elongated pond and the soft music.

Twee binnentuinen

Het gebouw heeft twee binnentuinen. De grootste sluit aan bij een koffiehoek en kan door de medewerkers worden gebruikt als ze zich even willen ontspannen op een van de vele Japanse houten banken. Er ligt een vijver in de vorm van yin en yang, die aan twee kanten is omgeven door Japanse planten, voor een gevoel van mysterie. Het zijn onder meer Japanse esdoorns, *Acer japonicum* en *Acer palmatum*, plus *Nandina domestica*. Er werden grote stenen geplaatst waarbij bloeiende *Prunus*-bomen en een enkele in vorm gesnoeide *Pinus* zijn geplant. Om het terras ligt een pad van ronde stapstenen.

De tweede binnentuin werd in april 2009 aangelegd. Ook hier vormt water, neerdalend en als spiegel, het thema. En opnieuw veel Japanse houten banken zodat ieder die dat wil, een kort moment buiten kan zijn bínnen het veiligheidssysteem dat bij deze specialisten noodzakelijk is om ongewenste gasten buiten te houden.

Ondanks deze beveiliging is voor passanten en buren een oase van openheid ontstaan door het grote plein waar zachte muziek verrast, en de tuinen die voor iedereen vanaf de openbare weg te bewonderen zijn. Want de filosofie van de Nedap is: openheid en moderne (tuin)architectuur moeten steeds leiden tot nieuwe inspiratie.

Veiligheid

Veiligheid is bij de meeste mensen één van de voorwaarden voor een gelukkig leven. Nu is veiligheid, in dit geval in tuinen en terreinen, niet vanzelfsprekend. Afhankelijk van waar men woont, zal er een hek, sloot of muur nodig zijn om veiligheid te kunnen garanderen. Merkwaardig fenomeen is dat waar een vraag is, er meestal ook meteen antwoorden worden aangedragen. De Nedap heeft uiterst geavanceerde veiligheidssystemen ontwikkeld, die bij gevangenissen, stations, rechtbanken en in de luchtvaart worden toegepast. Toch is de entree van hun eigen gebouwen, een groot plein, juist niet beveiligd. Het is toegankelijk voor iedereen die van de lange vijver en de zachte muziek wil genieten.

Garden in Amstelveen

The flavour of Japan with a modern twist

When designing a Japanese garden outside of Japan it's not necessary (or even possible) to make it truly authentic. Instead a few elements can be borrowed from the Japanese style and combined with elements from the local culture and preferences. This is essentially how it works for Japanese interiors too – normally one chooses just a few elements in line with the architecture and personal taste. And this was exactly the case in this Japanese-themed garden I designed for two admirers of the land of the rising sun.

It was important that the result would not jar with their modern bungalow that had huge windows looking out into the garden. First of all I created a large wooden deck in the same width as this wall of glass and another large terrace further to the rear of the garden. I connected the two using a wide bridge of sorts. Pergolas, painted black to enhance the feeling of calm, enclose both of these architectural terraces on two sides.

Tuin te Amstelveen

Japanse sfeer met een modern accent

Het is niet nodig om buiten Japan een geheel authentieke Japanse tuin aan te leggen – als men daartoe al in staat zou zijn. Wel kunnen een aantal elementen worden overgenomen, die gecombineerd worden met elementen uit de eigen tuincultuur. In wezen geldt dit ook voor Japanse interieurs; ook daar kiest men alleen elementen die passen bij de eigen smaak en de architectuur waarin men leeft. Zo was het ook in deze Japans geïnspireerde tuin, die ik voor twee liefhebbers van het land van de ondergaande zon ontwierp.

Het geheel moest passen bij hun moderne bungalow die aan de tuinzijde grote ramen heeft. Als eerste werd evenwijdig aan deze glazen gevel een groot houten terras aangebracht. Haaks hierop kwam een brede, brugachtige verbinding naar een verderop in de tuin gelegen groot terras. Een pergola sluit aan twee zijden deze architectonische terrassen af, waarbij alles in een rustgevend zwart is geschilderd.

I designed a large curved pond with no clearly discernible beginning or end – a small artificial mound hides the end. I planted a gorgeous bonsai-like *Pinus* on top of this hill along with several other *Pinus* plants pruned into spherical shapes. Japanese *Iris kaempferi* grows in the pond with water tumbling downwards in the form of several little waterfalls. Fortunately we realised that clear water was essential for the overall effect and were able to install a filter system before it was too late.

A stone water basin

The tea ceremony in Japan dates back many centuries as a way to create a moment of peace and meditation. Prior to the ceremony the hands and face are washed in water from a stone basin in the garden of the tea house or tea room. Many Japanese gardens feature a stone basin, some are rough and rocky and others are sanded smooth, and they come in all shapes and sizes: tall, short, round, square. There are usually two bamboo sticks placed on the basin tied with black sisal rope. On top is a bamboo scoop with a long wooden handle. Using this scoop, guests pour water over their free hand and then raise this hand to their face to rinse their mouths. They then repeat with the other hand in a symbolic purification ritual.
The clients from Amstelveen had learned about this ritual while on one of my garden study-trips to Japan and they wished to incorporate this element into their own garden. A pretty round water basin was sculpted from marl and sanded smooth. The two traditional bamboo sticks were made out of bamboo from their own garden and placed on top of the basin. They had brought back a bamboo scoop from one of their trips to Japan although nowadays these can also be bought from specialised shops in the Netherlands.

In een grote gebogen vorm kwam er een vijver die geen zichtbaar begin noch einde lijkt te hebben. Door een kunstmatige verhoging is het begin aan het zicht onttrokken. Op deze heuvel werd een prachtige, bonsai-achtige *Pinus* geplant, samen met nog enkele in ronde vormen groeiende *Pinus*-planten. In meerdere water-valletjes stroomt het vijverwater vervolgens naar beneden. In de vijver groeit Japanse *Iris kaempferi*. Gelukkig werd tijdig ingezien dat helder water essen-tieel is voor een optimaal effect. Daarom werd een filter-installatie aangebracht waar al het vijverwater doorheen wordt gepompt.

Een watersteen

De theeceremonie in Japan is een eeuwenoude traditie en bedoeld als moment van rust en meditatie. Vooraf-gaand aan deze ceremonie reinigt men de handen en het gezicht. Het water hiervoor wordt in een stenen bak gegoten, dat zich in de tuin bij het theehuisje (of -kamer) bevindt. In veel Japanse tuinen is zo'n fraai bekken aanwezig, soms ruw en rotsachtig, soms gladgeschuurd. Ze zijn er in allerlei vormen: hoog, laag, rond, recht-hoekig. Erop liggen meestal twee bamboestokjes die met zwart sisaltouw aan elkaar zijn gebonden. Op die stokjes ligt een bamboe schep met een lang, houten handvat. Met deze bamboe schep wordt het schone water over de hand gegoten die vrij is. Vervolgens strijkt men met deze hand over het gezicht, zichzelf zo symbolisch reinigend.
Bekend met deze theeceremonie, dankzij onze gemeen-schappelijke tuinreizen in Japan, wilden de opdracht-gevers in Amstelveen dit element in hun eigen tuin. Uit mergelsteen werd een fraaie ronde watersteen gehakt en gladgeschuurd. Hier kwamen de twee tradi-tionele bamboestaafjes overheen te liggen. Ze werden gemaakt van bamboe uit de eigen tuin. De eveneens van bamboe gemaakte schep werd uit Japan meege-nomen, hoewel deze inmiddels ook in Nederland bij gespecialiseerde winkels te koop zijn.

1   steps to front door
     trap naar voordeur
2   front door
     voordeur
3   living room
     woonkamer
4   ponds
     vijvers
5   black wooden decking
     terrassen van zwart hout
6   black pergola with wisteria
     (*Wisteria sinensis*)
     zwarte pergola met blauwe regen
     (*Wisteria sinensis*)
7   flat round stepping stones (natural stone)
     ronde platte stapstenen van natuursteen
8   *Pinus* bonsai element
     bonsai van *Pinus*
9   solitary bushes of Dogwood
     (*Cornus controversa* 'Variegata') with
     white-green foliage
     solitaire struiken van kornoelje
     (*Cornus controversa* 'Variegata')
     met witgroen blad
10   bamboo
     bamboe
11   tall wooden wall
     hoge houten wand
12   blue Japanese iris (*Iris kaempferi*)
     blauwe Japanse iris (*Iris kaempferi*)
13   Japanese cherry tree
     Japanse kersenboom
14   Japanese azaleas (*Rhododendron*)
     Japanse azalea (*Rhododendron*)
15   blue-green Swiss stone pine
     (*Pinus cembra*)
     blauwgroene alpenden (*Pinus cembra*)
16   Japanese acer (*Acer palmatum* 'Dissectum
     Atropurpureum') – low shrub
     Japanse esdoorn (*Acer palmatum*
     'Dissectum Atropurpureum') –
     lage struik

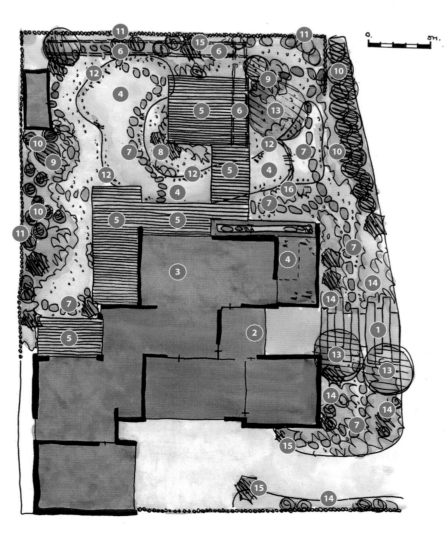

Garden in Aalsmeer
Adventure, step by step

A simple worker's cottage marked the beginning of a new architectural adventure. The family living here with their children had designed their home to be modern and fairly minimalist, but it still felt too small and they were yearning for more living space. They extended the existing house out to the side, adding a glass corridor and a large new living room with three out of the four walls also being made of glass. Whilst the wall facing onto the street is frosted glass, one of the other two glass walls offer views of the wide garden and the water beyond and the third glass wall looks out onto a cour – a walled garden. It was my task to think of something to fill the spaces in front of and behind these buildings.

Tuin te Aalsmeer
Een avontuur in fasen

Een eenvoudig arbeidershuisje vormde hier het begin van een architectonisch avontuur. De familie die dit huis met hun kinderen bewoonde, richtte het modern en strak in zonder al te veel tierlantijnen. Toch was de ruimte te klein en snakten de eigenaren naar meer leefruimte. Tegen de zijkant van het bestaande woonhuis werd een glazen gang gebouwd waaraan een grote leefruimte kwam. De wanden hiervan bestaan aan drie zijden ook uit glas. Aan de straatzijde is het glas ondoorzichtig, de overige twee wanden kijken respectievelijk naar de brede tuin en het erachter gelegen water, en naar een cour, een ommuurde tuin. Aan mij de opdracht iets te bedenken voor de buitenruimten voor en achter deze gebouwen.

Japanese ambiance for the front garden

The new glass wall was set quite a way back from the street, leaving enough room to create an interesting front garden. Taking my inspiration from the wall of glass, I wanted stone paving with strong textures: very rough slabs of natural stone combined with white gravel. The slabs lead to the front door, and a few Japanese-looking rocks have been placed alongside the path. For plants, I used swaying ornamental grasses, bamboo and *Taxus* cubes. A beech hedge hides the road nicely.

The rear garden with terraces, lawn and an abundance of flowers

Water creates the mood here – on two sides, the channel leading to a lake offering fantastic sailing, which also explains the ramp here so that the boat can be hauled onto dry land in the winter. An existing greenhouse was transformed into a gazebo on the water's edge. Lots of flowers create colourful blocks of contrast to the green lawn.

A new phase: the worker's cottage is demolished

It was a brave decision: the cottage – perfectly charming in its own right – was just not in keeping with the new glass building and so it was demolished and replaced by a small dark-coloured modern house. A large rectangular pond was laid lengthways in the back garden drawing the eye into the large garden and in particular to the focal point, the terrace beyond the pond. All the places to sit or work are connected by stepping stones. Low hedges provide structure to this open garden which maximises the opportunities to enjoy the surroundings.

Een Japanse sfeer aan de voorkant

De strakke nieuwe glasgevel aan de voorkant lag een flink eind van de straat, zodat er ruimte was voor een interessante voortuin. Geïnspireerd door de glazen gevel ontwierp ik een tuin met verhardingen die veel structuur hebben: zeer ruwe platen natuursteen gecombineerd met wit grind. De platen voeren naar de voordeur. Langs dit pad werden enkele grote, Japans aandoende keien geplaatst. De beplanting bestaat uit bewegende siergrassen, bamboe en *Taxus*-blokken. De openbare weg is verstopt achter een beukenhaag.

De achtertuin met veel bloemen, terrassen en gras

Water is hier alom de sfeerbepaler: aan twee kanten de vaart die naar een grote plas voert waar het fantastisch zeilen is. Vandaar dat hier een helling is om de eigen boot 's winters op het droge te kunnen zetten. Een aanwezig kweekkasje werd omgebouwd tot tuinprieel aan de vaart. Veel bloemen vormen kleurvlekken bij het gras.

Een nieuwe fase: het arbeidershuisje wordt afgebroken

Het was een spannende beslissing: het op zich romantische huisje, dat echter absoluut niet bij de glazen kamer paste, werd afgebroken en door een donkerkleurige, moderne kleine villa vervangen. De tuin aan de achterzijde kreeg een lange rechte vijver, die het oog meeneemt naar de grote tuin en naar het belangrijkste, achter deze vijver gelegen terras. Via stapstenen zijn alle zit- en werkplekken met elkaar verbonden. Lage hagen geven structuur aan deze open tuin, waar het genieten van de omgeving optimaal is gebleven.

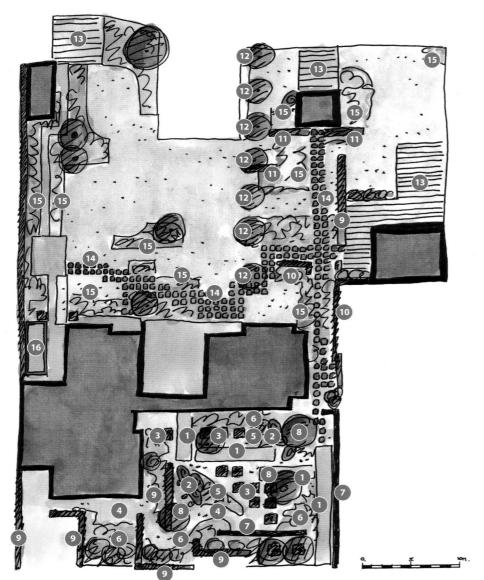

1   rough natural stone paving
    banen van ruwe natuursteen

2   rocks of various sizes
    hoge of lage brede stenen

3   low *Taxus* cubes
    lage blokken van *Taxus*

4   gravel
    grind

5   low green ground cover plants:
    Pachysandra terminalis
    lage groene bodembedekkers:
    Pachysandra terminalis

6   tall evergreen bamboo
    (Phyllostachus)
    hoge wintergroene bamboe
    (Phyllostachus)

7   high wall
    hoge muur

8   Japanese cherry trees
    Japanse kersenbomen

9   tall beech hedges *(Fagus sylvatica)*
    hoge beukhagen *(Fagus sylvatica)*

10   tall *Taxus* hedges
    hoge *Taxus*-hagen

11   low beech hedges *(Fagus sylvatica)*
    lage beukhagen *(Fagus sylvatica)*

12   white willows *(Salix alba)*
    knotwilgen *(Salix alba)*

13   wooden decking
    houten terras

14   concrete stepping stones
    betonnen stapstenen

15   perennials
    vaste planten

16   pond
    vijver

Garden in Eindhoven

One garden, several different worlds

It is not unusual for clients and landscape architects to want to create several different moods in the same garden. Examples of this can be found all over the world. The space can be divided using low walls of greenery in small gardens and tall hedges in large ones. Typical hedge plants don't always have to be used – shrubs such as *Rhododendron*, holly or deciduous bushes can be effective too and can create a much more playful feel, offering a tempting glimpse of the world beyond.

Tuin te Eindhoven
Meerdere werelden in één tuin

Vaak is het de wens van opdrachtgevers en tuinarchi-tecten om meerdere sferen in één tuin te creëren. Over de hele wereld zijn hiervan voorbeelden te vinden. In kleine tuinen worden lage groene wanden gebruikt om de ruimte te verdelen, in grote tuinen zijn hoge hagen geschikt. Hiervoor hoeft men niet alleen haagplanten te gebruiken, ook heesters als rododendron, hulst of blad-verliezende struiken zijn hiervoor te gebruiken. Hierdoor ontstaat er een veel speelsere verdeling van de ruimte, met steeds een glimp van de wereld ernaast.

Water villa in an enchanting location

Anyone who lives on the water's edge wants to enjoy the views to full effect, from the house and from the garden. One of the key characteristics that makes us human is our constant desire for variety. Not content with such a magical view of the water, we want something 'extra' too – and that's when landscape architects step in with their ideas for using walls of greenery to create various rooms, each one to transport you to a different world. There were already a lot of trees standing in the spacious garden belonging to this large white villa. Much of the area was lawned and there were many tall rhododendrons growing on the approach. I set myself the task of increasing the level of interest in the garden. The clients allowed me a lot of freedom to suggest new ideas. Looking from the house into the garden, I always try to get a feel for the atmosphere and I focus on shapes. In this case, I looked at the shape of the more-or-less rectangular house. I extended this into the garden by designing a rectangular flower garden that could be seen both from the house and from the main terrace. In the end, this garden comprised four very long flowerbeds with a circular pond and a low fountain in the centre. I planted *Buxus* hedges around the beds to maintain the architectural effect all year round. This is an important point to bear in mind when planting: if plants are going to disappear in the winter, make sure there will be something else there to create an interesting wintery scene.

A herb garden

The clients were keen on herbs and this manifested itself in a large round herb garden. To be honest, it was also a good way to neutralise the presence of a garage and the associated paving by locating such a different, unexpected element adjacent to it. *Buxus* hedges were used in the herb garden too, a perfect circle with concentric shapes extending outwards. Swaying in the breeze, dill, chervil, marjoram and mint appear to dance above the neatly pruned hedges and help to soften the starkness of the rigid world around us with their sense of fragility.

Villa aan een feeërieke waterplas

Wie aan water woont zal hier volop van willen genieten, ernaar kijkend vanuit het huis en vanaf de terrassen. Eén van de eigenaardigheden van ons mensen is echter, dat wij steeds afwisseling zoeken. Dus behalve zo'n magisch waterzicht willen we ook andere belevenissen ondergaan. Dan komen de architecten van huis en tuin met hun muren en groene wanden, hiermee ruimtes creërend waar men zich in een andere wereld waant. Bij de grote witte villa, gelegen op een groot terrein, waren al veel bomen aanwezig. Verder was er veel gras en bij de entree van het terrein stond een groot aantal hoge rododendrons. De opgave die ik mezelf stelde, was hierin meer afwisseling aan te brengen. Ik kreeg van de opdrachtgevers een grote vrijheid om met nieuwe ideeën te komen. Kijkend vanuit het huis probeer ik altijd een beeld te krijgen van de sfeer. En ik let op vormen. Hier keek ik naar de vorm van het min of meer langgerekte huis. Ik verlengde deze door een langgerekte bloementuin te ontwerpen, waar men vanuit het huis en vanaf het belangrijkste terras overheen zou kijken. Deze tuin bestond uiteindelijk uit vier zeer lange plantbedden, met in het midden een ronde vijver met een lage fontein. Rondom de plantbedden kwamen hagen van *Buxus*, zodat ook in de winter de vormen van deze plantvakken er heel architectonisch en duidelijk uitzien. Want dit is een belangrijke les: zorg op plekken waar de beplantingen 's winters verdwijnen, voor een mooi winterbeeld.

Een kruidentuin

De opdrachtgevers hadden grote belangstelling voor kruiden, wat resulteerde in een grote ronde kruidentuin. Eerlijk gezegd was het voor mij ook een manier om een garage en de bijbehorende verhardingen te neutraliseren, door er een totaal ander, onverwacht element naast te situeren. Ook de kruidentuin kreeg *Buxus*-hagen, in een volmaakt ronde vorm met daaromheen concentrische vormen. Tere dille, kervel, majoraan en munt 'dansen' zacht bewegend boven de strakgeschoren haagjes, en geven zo iets broos aan wat al gauw een te rigide wereld is.

A pathway of surprises

Strolling through any large garden, it is nice to come across the unexpected – preferably several times. It's for this reason that I try to create all kinds of little 'surprises' along a long garden path. There was a long pathway in this garden leading from the herb garden next to the garage to the white hydrangeas. From there the path continues to an area of lots of birch trees with unusual perennials and herbs creating a semi-natural effect. Next the large flower garden comes into view and then a little while later the lake. And hence I created a pathway, part of it paved and part over grass, through different worlds: a white garden, an orchard, ornaments, a terrace. Providing there's enough space, the possibilities are endless.

When designing a long pathway it's important to keep the style of paving fairly consistent. In the case of this white villa, I used tiles made of nidaplast: gravel-filled hard plastic floortiles on a porous polyester substrate.

The style of paving can then be altered to create a different mood, emphasising that the path has entered a new world, such as the clinkers under a statue in this garden.

Plants as the finishing touch

Mauve, pink and blue plants were chosen for the large flower garden, and various shades of white for the 'secret garden'. The functional herbs lent their tender natural colours to the herb garden while the woodland garden under the large trees displayed mainly blue.

The rhododendrons are still present on the front along with a cheerful round pink rosebush with a *Buxus* hedge around it.

A lot of variety has been created here, enticing people to explore the different sections of the garden. That's my aim in all of the gardens I design – to encourage the owners to wander through their garden and to view it from many different angles.

Een wandelpad vol belevenissen

Al wandelend door een grote tuin zal men graag, liefst meerdere keren, aangenaam verrast willen worden. Creëer daarom allerlei 'belevenissen' langs zo'n tuinpad. In deze tuin kwam een lang, zelfs zo lang mogelijk wandelpad, dat na de kruidentuin bij de garage naar witbloeiende hortensia's leidt. Vervolgens voert het pad naar een groot aantal berkenbomen, waar bijzondere vaste planten en kruiden een semi-natuurlijke sfeer creëren. Dan verschijnt de grote bloementuin en nog weer later heeft men zicht op de grote waterplas. Zo ging ik door met dit wandelpad, dat soms verhard is en soms over gras loopt. Een witte tuin, een boomgaard, beelden, een terras. Als men ruimte heeft, kan van alles worden gerealiseerd. Belangrijk bij een lange wandelroute is dat er een zekere eenheid is in de verharding. Bij deze witte villa gebruikte ik matten van nidaplast: met grind gevulde matten van hard plastic, waaronder waterdoorlatend polyesterdoek is vastgemaakt. Om extra te benadrukken dat er een nieuwe sfeer wordt betreden, kan men de verharding laten veranderen. Zo koos ik voor een verharding met klinkers onder een beeld dat in deze tuin staat.

De invulling met planten

Voor de grote bloementuin werden purperen, roze en blauwe planten gekozen, voor de *secret garden* alle tinten wit. De kruidentuin heeft de tere, natuurlijke kleuren van deze nuttige planten, terwijl er in de bostuin onder de grote bomen veel blauw werd aangeplant. Aan de voorzijde staan rododendrons en er bevindt zich een vrolijk rond rozenperk met eromheen een *Buxus*-haag. Deze rozen bloeien roze.

Zo is er voldoende variatie gecreëerd waardoor men de neiging heeft steeds in zo'n tuingedeelte te gaan kijken. Dit is wat ik steeds probeer in alle tuinen die ik ontwerp: de tuingebruikers stimuleren in hun tuin te wandelen om deze zo vanuit meerdere gezichtshoeken te bekijken.

Garden in Oss

The typical restraint of the 'Bossche School'

I designed not just one but three gardens for an artistic couple keen on modern art, architecture and interior design. The photographs show the second garden which belonged to a villa designed in the style called Bossche School. This is a style inspired by monastic architecture based on certain rules and natural colours. Stonework and roofing are always grey. Flooring is tiles or concrete, or can also be wood in living rooms. The garden was to be designed in the same restrained style.

Tuin te Oss

De soberheid van de Bossche school

Niet één maar drie tuinen ontwierp ik voor een artis-tiek echtpaar dat enorm geïnteresseerd is in moderne kunst, architectuur en interieurs. De tweede tuin is op de foto's te zien. Hij werd ontworpen bij een villa in de zogenaamd Boschsse-schoolstijl. Dit is een op kloos-terarchitectuur geïnspireerde stijl die van vaste maten en bijzondere natuurkleuren uitgaat. De steen is altijd grijs, net als de daken. De vloeren bestaan uit tegels of beton, in woonkamers zijn ze van hout. In diezelfde sobere sfeer moest ook de tuin worden ontworpen.

A walled courtyard in front of the house

There is a walled courtyard in front of the house that emphasises the monastic atmosphere. I created a mood of restraint using a bench and a few cubes of *Taxus*, with rough granite and gravel on the ground. Beyond the garden walls I elected to plant trees, pines and ferns to create the feel of a wood.

The rear garden

To add interest to the large rear garden I built a conservatory, containing a sauna and a small swimming pool with jetstream, in the right hand corner. Part of the building was reserved as a multi-functional space for the owner to hold dinner parties or work on his wonderful paintings. This building is purposefully painted in a dark colour so as not to stand out and is totally concealed from view of the house by tall bamboo plants. Close to the house I designed an elongated pond edged with only white-flowering perennials, roses and hydrangeas. Black ornamental grass edges the conservatory. Shrubs in pots are on the other side of the pond along with a bench and a sculpture. A large lawn was laid between the house and the conservatory to introduce a feeling of calm and simplicity. Any colourful areas or garden furniture are situated out of sight from the house so that the predominant view is onto a serene scene of grass and a few trees.

Vóór het huis een ommuurde binnenhof

Voor het huis ligt een ommuurde binnenhof die de kloosterachtige sfeer benadrukt. Daar werd met een bank en een aantal *Taxus*-blokken een gevoel van soberheid gecreëerd, gebruik maken'd van ruw hardsteen en grind als verharding. Buiten de tuinmuren koos ik voor een bosachtige beplanting van bomen, dennen en varens.

De achtertuin

De achtertuin was groot. Om extra spanning aan te brengen werd in de rechterhoek een kas/serre gebouwd, waar zowel een klein zwembad met jetstream als een sauna een plek kregen. Een deel werd gereserveerd als multifunctionele ruimte, waar nu eens een diner wordt gegeven, dan weer door de eigenaar wordt gewerkt aan zijn bijzondere schilderijen. Doordat het houtwerk van dit gebouw in een donkere kleur is geschilderd, valt het niet op. Vanuit het huis is het gebouw geheel aan het oog onttrokken door hoog opgroeiende bamboes. Vóór het gebouw werd een lange vijver aangelegd met rondom alleen witbloeiende vaste planten, rozen en hortensia's. Zwart gras werd als een rand voor de kas/serre geplant. Hosta's in potten staan aan de overkant van de vijver, samen met een bank en een beeld. Tussen het woonhuis en de kas/serre werd een zo groot mogelijk grasveld aangelegd om eenvoud en rust te introduceren. Alle spannende plekken met kleuren en tuinmeubels zijn zo gesitueerd, dat ze onzichtbaar zijn vanuit het huis. Dit om de visuele rust van gras en enkele bomen te laten prevaleren.

The blue garden with herbs

The second courtyard was created in a section of the
rear garden that was partly enclosed by two buildings
– the garage and the living room. Since the courtyard is
somewhat on the large side, I edged it with lots of blue-
flowering plants in front of a tall *Taxus* hedge that forms
the third wall. There were already some very tall conifers
here and an old nut tree so I incorporated these into the
space too.

The second garden to the side of the house with
terraces and a stone water basin

It was while sitting at the kitchen table, which is of
modern design, that the owners' artistic lives took a new
turn: they began designing garden furniture suitable for
modern, tasteful gardens and their business took off
successfully both at home and abroad. This just goes to
show that creativity can take on many guises. Mutual
admiration and inspiration ensured that we kept in touch
even when they moved house several times.

De blauwe tuin met kruiden

In een deel van de achtertuin dat gedeeltelijk wordt
omsloten door twee bouwvolumes, de garage en de
woonkamer, kwam een tweede binnenhof. Omdat
deze ruim is, wordt dit tuingedeelte omgeven door veel
blauwbloeiende planten die voor een hoge *Taxus*-haag
staan: de derde wand. Hier stonden al enkele zeer grote
coniferen, net als een oude notenboom die in het terras
werd geïntegreerd.

De tweede zijtuin met terrassen en een watersteen

Op de plaats in het woonhuis waar de keuken ligt, is
een zitplek gesitueerd. De meubels zijn hier modern
qua stilering. Een nieuwe ontwikkeling in het artistieke
leven van de eigenaars begon hier: het zelf ontwerpen
van tuinmeubels passend bij moderne sfeervolle tuinen.
Dit werd een groot succes, ook internationaal. Zo blijkt
dat creativiteit zich op veel manieren kan manifesteren.
Wederzijdse inspiratie hield ons bij elkaar toen zij
verschillende keren verhuisden.

Classical
gardens
Klassieke tuinen

Symmetry as a classical element

Symmetry is defined as one half of an object being a mirror image of the other, forming a complete whole. This creates a feeling of calm – in buildings, gardens and interiors – that has been, and still is, appreciated by many people. That's hardly surprising – most people are looking for ways to create peace and harmony around them.

Symmetrie als klassiek element

Symmetrie wil zeggen: links van het midden dezelfde vormtaal als rechts. In volmaakte harmonie lijkt alles bij elkaar te horen. De rust die hiervan uitgaat – in zowel gebouwen, tuinen als interieurs – werd en wordt door velen enorm gewaardeerd. Want wie wil dat niet: harmonie en rust in zijn directe omgeving?

Classical
gardens

Klassieke
tuinen

Villa Gamberaia, Italy

By no means all old Tuscan villas are designed symmetrically in appearance and the same is true for their gardens. Villa Gamberaia in Fiesole, situated in the mountains above Florence, is a prime example of this. Initially belonging to the Capponi family (15th century), Princess Ghyka of Serbia later resided there and more recently the chique Mr Marchi, with each generation adding something to the villa's garden. The garden currently comprises four symmetrical ponds (originally flowerbeds) and an arcade of cypresses forms a semi-circular boundary. Large yews are pruned into spherical topiary shapes. Roses and red valerians add a touch of playfulness to this otherwise formal garden.

A deep lawn stretches the full length of the garden ending at a shady, damp grotto. The lawn extends around the side of the villa creating a tremendous feel of spaciousness and serenity. Grass is being used as a formal but slightly playful element here. In this case, it was used as the pitch for a ball game dating from the renaissance period!

Symmetry as a symbol of power

Through the centuries and right up to the present day, man has regarded nature as unpredictable and even destructive. Natural disasters such as plagues, hurricanes, tsunamis and earthquakes seemed to come outof nowhere, sent to punish the human race. The design of symmetrical gardens was seen as a way to demonstrate that nature could be tamed. The gardens had to be as unnatural as possible – everything forced to grow in straight lines, in stark contrast to the asymmetry of nature. As the beauty of this style of design became increasingly apparent, more architects and world leaders adopted this unnatural approach. The architects saw symmetry as a way of carrying the design of their imposing buildings into the space outside. The world leaders recognised a certain symbolism in symmetry – all plants were controlled and pruned into neat shapes, as if setting an example for how the people should allow themselves to be ruled by their leader. Thus formal gardens became a symbol of power.

Formality and/or symmetry

Nowadays the need for peace and harmony is the main reason for choosing a symmetrical design – it guarantees a sense of balance. It is important to point out that formality and symmetry are not one and the same. There are many examples throughout the centuries of formal gardens that were not symmetrical. Sometimes the formal aspect may be created purely by the topiary shapes – spherical or straight – of evergreen plants such as box or yew, or it may be the result of an avenue of neatly arched fruit trees – such as pear or orange trees – which is still a great way of introducing a formal element into a garden. Other ways are to introduce a number of straight lines of vision, the use of classic materials such as Belgian bluestone or Chinese granite or the positioning of a statue or ornament. True garden enthusiasts will never want to design their entire garden in the formal style.

Villa Gamberaia, Italië

Oude Italiaanse villa's in Toscane zijn lang niet altijd geheel symmetrisch van gevelindeling, net zo min als de tuin dat altijd zal zijn. Een goed voorbeeld hiervan is villa Gamberaia in Fiesole, in de bergen boven Florence. Deze villa behoorde eerst toe aan de familie Capponi (15e eeuw), later aan de Servische prinses Ghyka en recent aan de chique heer Marchi. Iedere generatie voegde iets aan de tuin toe. Wat bleef zijn de vier symmetrische plantvakken die later in vijvers veranderden. Een zuilengalerij van cipressen sluit de tuin halfrond af. Grote taxussen zijn in de vorm van een bol of kegel gesnoeid. Tussen al die formaliteit staan rozen en rode valeriaan te bloeien, iets speels gevend aan de formele tuin.

Over de hele lengte van de tuin ligt een langgerekt grasveld, dat eindigt in een vochtige, schaduwrijke grot. Dit gras loopt door langs de zijkant van deze villa, wat een enorm gevoel van ruimte en rust geeft. Gras kan zo op een speelse manier een formeel element zijn. Hier werd het bovendien gebruikt om er met ballen te gooien tijdens een oud spel dat uit de renaissance stamt.

Symmetrie als symbool van macht

Eeuwenlang, en ook nu nog, beschouwde de mens de natuur als een bron van onzekerheid en soms zelfs rampspoed. Ziektes, orkanen, vloedgolven, aardbevingen kwamen uit het niets en leken de gelovige mens te willen straffen. Om te tonen dat men die onberekenbare wereld toch onder controle had, begon men symmetrische tuinen te creëren. Deze moesten zo onnatuurlijk mogelijk zijn: alles onder controle en dus rechtlijnig. Vooral niet de asymmetrie uit de natuur. Toen hier een grote schoonheid in verborgen bleek te zijn, gingen architecten en wereldlijke heersers deze onnatuurlijke vormentaal steeds meer toepassen. De architecten kregen hiermee de mogelijkheid om hun imposante gebouwen te reflecteren in de buitenruimte erbij. De wereldlijke heersers zagen in de symmetrie een symbool voor hun macht. Want zoals mensen zich moesten onderwerpen aan de wil van hun heerser, zo werden planten aan de menselijke wil onderworpen door ze in vorm te snoeien. Hiermee werden formele tuinen symbool van macht.

Formaliteit en/of symmetrie

Behoefte aan rust en harmonie is tegenwoordig de reden dat er gekozen wordt voor symmetrie; het zorgt voor een evenwichtige indeling. Weet echter dat formaliteit

Gardens of today: a formal section

Especially in large gardens it can be a nice idea to add a formal section to create an element of surprise. After first strolling through a relatively informal garden it is intriguing to suddenly enter a world of clipped hedges and straight paths. This approach – using elements of contrast and surprise – is much more '21st century' than a huge formal garden. Nowadays there is much more appreciation for nature's vast variety of plants and unusual shapes – we now value its unpredictability, with formal gardens seeming boring and monotonous in comparison. It's essential to add structure to large gardens using contrasting shapes and clear lines. Elements from the formal garden can be mixed with a semi-natural style of planting and design to soften the formality, such as creating more or less symmetrical spaces with hedges but combining this with a romantic style of planting. Another way is to choose one particular formal green element such as a topiary sphere or cube and plant several of them in a pattern surrounded by a sea of romantic flowers.

en symmetrie niet identiek zijn. Het is heel wel mogelijk dat een tuin formeel is maar niet symmetrisch. Formele indelingen en beplantingen zonder symmetrie zijn al eeuwenlang bekend. Soms bestond de formaliteit alleen uit het in vorm knippen – rond of recht – van enkele wintergroene planten zoals *Buxus* of *Taxus*, soms was het een loofgang van in vorm gesnoeide vruchtbomen: een peren- of sinaasappellaan. Ook nu is dit een aan te raden manier om iets formeels in de tuin te introduceren. Andere mogelijkheden zijn het aanbrengen een aantal strakke zichtlijnen, het gebruik van klassieke materialen zoals Belgische of Chinese hardsteen of het plaatsen van een beeld. De echte tuinliefhebber zal echter nooit zijn hele tuin formeel willen inrichten.

Tuinen van nu: een formeel gedeelte

Zeker in grote tuinen kan het verrassend zijn om een gedeelte wat formeler in te richten. Na eerst door een wat informeler deel te hebben gewandeld, zal het intrigerend zijn om in een wereld van geschoren hagen en rechte paden te komen. Deze techniek van contrast, van verrassing, past beter in de 21e eeuw dan het aanleggen van een enorme formele tuin.

Er wordt nu immers weer bewonderend gekeken naar de wilde natuur met al zijn vegetatieve en vormverrassingen. Opnieuw zijn we in de ban van de zo onvoorspelbare natuur en daarmee vergeleken lijken de strenge formele tuinen saai en onveranderlijk.

Zeker in grotere tuinen is het essentieel vormcontrasten en duidelijke lijnen voor de indeling aan te brengen. Altijd kan men dan elementen uit de formele tuinstijl nemen en die combineren met een veel vrijere semi-natuurlijke beplanting en vormgeving. Er kunnen bijvoorbeeld hagen worden geplant, die de ruimte indelen op een min of meer symmetrische wijze, met daaromheen een romantische beplanting. Ook kan men een formeel groen element kiezen, zoals een groene bol of vierkant, en dat steeds herhalen tussen bloeiende beplantingen.

Garden in Wassenaar
A unique villa receives a partly landscaped garden

Luxury residential estates can be found on the outskirts of many city centres and they often have an interesting story behind them. Wassenaar, for example, has witnessed an amazing transformation from an insignificant village in the dunes to the home of many gorgeous luxury residences. It all started when wealthy individuals began to purchase farms as an investment and later built wonderful villlas there in which to spend their summers. But the origins of this transformation can be traced further back, to the time of the Battle of Waterloo in Belgium. Prince Frederik, a Dutch prince who had been living in Prussia, helped to defeat Napoleon Bonaparte and preferred then to remain in the country of his birth. The prince set about creating a diverse landscape around the sleepy village of Wassenaar, more conducive to horse riding and other outdoor pursuits. He laid a network of oak-lined paths to be used by horseriders and stage-coaches on their way to Palace de Pauw, the palace built for Frederik's Prussian wife and which now houses Wassenaar's town hall. Even to this day meandering lakes can be found here and there, bearing witness to Prince Frederik's attempts to integrate the element of water into his park design.

Tuin te Wassenaar
Een bijzondere villa krijgt een deels landschappelijke tuin

Bij grote steden is het een bekend fenomeen dat buiten de stadscentra villawijken zijn ontstaan. Ze hebben soms een interessante ontstaansgeschiedenis. Zo heeft Wassenaar een bijzondere ontwikkeling doorgemaakt: van een onbeduidend dorpje in de duinen werd het een dorp met veel prachtige villa's. Het begon allemaal met rijke lieden die boerderijen opkochten als investering. Ze bouwden daar fraaie landhuizen bij om er 's zomers te kunnen verblijven. Belangrijk is de finale strijd geweest tegen Napoleon Bonaparte, bij Waterloo in België. Hierin speelde namelijk prins Frederik, een in Pruisen woonachtige Nederlandse prins, een grote rol: hij hielp mee met het verslaan van de Franse keizer en bleef daarna in zijn geboorteland Nederland. De prins vatte het plan op om van het slaperige dorpje Wassenaar een landschappelijk gevarieerd gebied te maken, geschikt voor paardrijden en wonen. Hij begon met het aanleggen van een fraai padenstelsel waarlangs eiken werden geplant. Ruiters en koetsen met paarden reden erover, op weg naar paleis de Pauw dat Frederik voor zijn Pruisische vrouw had laten bouwen. Dit paleis is nu het gemeentehuis van Wassenaar. Prins Frederik probeerde in zijn parkopzet ook water te integreren; her en der zijn nog altijd de slingerende vijvers te vinden.

The rear garden with the private quarters and terraces

It is at the edge of one of these lakes that a unique villa is situated. The house has a flat roof and these horizontal lines set the tone. Pictures of Indonesian gods and goddesses have been applied to the facade. The villa has many large trees on three sides, but none at all on the side which faces the lake and where the private quarters and the large terraces can be found. I introduced two stately giant sequoias *(Sequoiadendron giganteum)* there which will soon tower high above the house's roofline. Next to them I planted two richly-flowering *Prunus* trees which fill out horizontally and thus form a nice contrast to the vertical lines of the giant sequoias. On the ground I designed a formal pattern of *Taxus* and *Buxus*. A wooden deck terrace at the edge of the lake remains more or less concealed by tall hydrangeas and rhododendrons.

De achterzijde met de privé-vertrekken en terrassen

Aan één van deze vijvers ligt een bijzondere villa met horizontale lijnen voor de daken, die bepalend zijn voor het beeld. Beelden van Indonesische goden en godinnen zijn tegen de gevel aangebracht. Aan drie zijden heeft de villa veel grote bomen. Aan de vijverkant echter, waar alle privé-vertrekken en de grote terrassen zijn gelegen, zijn er geen. Daar introduceerde ik twee statige hoge mammoetbomen *(Sequoiadendron giganteum)*, die straks hoog boven de daklijn van de villa zullen uittorenen. Ernaast staan twee rijkbloeiende *Prunus*-bomen, die breed uitgroeien en zo een contrast vormen met de mammoetbomen, die verticaal van vorm zijn. Eronder kwam een formeel lijnenspel van *Taxus* en *Buxus*. Een houten terrasje aan de vijver is min of meer verborgen tussen hoge hortensia's en rododendrons.

The approach

After some discussion I convinced the owners to allow me to instal a dark green wrought iron gate on the stone bridge leading to the house and garden. Once through the gate, the driveway is edged by low hedges of *Taxus* and *Rhododendron*. Low *Taxus* hedges guide visitors to two stone sphinxes, also surrounded by low *Taxus* hedging. From here one can enjoy a peaceful view of cows grazing in a large field. It's hard to resist walking to the new metal gazebo atop a grassy hillock. Other paths wind through the colourful woodland that belongs to the house which is full of many flowering plants. There's a second gateway on a pedestrian bridge situated.

De voorzijde

Na veel gepraat lukte het mij om een strakke poort van donkergroen siersmeedwerk te introduceren op de stenen brug die naar de villatuin toe leidt. Wie door deze poort gaat, rijdt tussen lage hagen van *Taxus* en *Rhodo-dendron* door. Lage *Taxus*-hagen begeleiden de bezoekers naar twee stenen sfinxen, die eveneens met lage *Taxus*-hagen zijn omgeven. Vanaf deze beelden heeft men een prachtig uitzicht over een grote weide met koeien. Een heuveltje met gras nodigt uit tot een wandeling naar een nieuw metalen prieel. Andere wandelingen gaan door het bij de villa behorende bos, waarin veel bloeiende planten zijn aangeplant. Hier bevindt zich op een voetgangersbrug een tweede poort.

Garden in Eindhoven

A classical garden contrasting with modern architecture

When building a villa it is a good idea to choose a particular style which in this case was that of the famous architect Frank Lloyd Wright. His buildings with their deeply overhanging roofs served as inspiration for this house situated on a unique estate. Frits Philips, the industrialist from Eindhoven, owned the estate 'De Wielewaal' and gave a director of Philips the opportunity to build a house on part of it.

When I arrived the house's garden was just lawn with several large old trees around the edge. Firstly I designed low hedges and flowerbeds to extend the villa's more-or-less U-shaped architecture into the garden. We continued this project over the course of many years until the entire garden had been transformed, leaving the creation of an intimate garden for the main approach until last. The photographer waited until the project was finished to take pictures of the end result although much of it had been completed several years previously.

Tuin te Eindhoven

Een klassieke tuin bij moderne architectuur

Als men een villa wil bouwen, is het goed om voor een bepaalde stijl te kiezen. Hier werd gekozen voor de stijl van Frank Lloyd Wright, fameus architect. Zijn gebouwen met de ver overstekende daken vormden het uitgangspunt voor deze villa die op een uniek landgoed ligt. Frits Philips, de Eindhovense industrieel, bezat landgoed De Wielewaal en bood aan een directeur van Philips de kans om een villa op een deel van dit landgoed te bouwen. Oude grote bomen staan rondom de villatuin, die toen ik kwam alleen uit gras bestond. Als vervolg op de min of meer U-vormige villabouw ontwierp ik lage hagen en bloemvakken, zodat de architectuur doorloopt in de tuin. Zo bouwden we verder en uiteindelijk werd de hele tuin opnieuw ingericht met als laatste een intieme tuin voor de hoofdentree. Na vele jaren kwam de fotograaf en legde vast wat eigenlijk al die jaren onveranderd is gebleven.

1 entrance gates
entreepoorten

2 front door + garden with nut tree, low *Taxus* hedges and ground cover plants
voordeur + tuin met notenboom, lage Taxus-hagen en bodembedekkers

3 ground cover plants + solitary shrubs and trees
bodembedekkers + solitaire struiken en bomen

4 low wide *Taxus* hedges
lage brede Taxus-hagen

5 tall beech hedges (*Fagus sylvatica*)
hoge beukhagen (Fagus sylvatica)

6 mauve, pink and blue perennials + pink roses
vaste planten in roze, paars en blauw + roze rozen

7 semi-circular Portugal laurel (*Prunus lusitanica*)
halve bol van Portugese laurier (Prunus lusitanica) op stam

8 yellow-flowering perennials and roses
geelbloeiende vaste planten en rozen

9 white hydrangeas (*Hydrangea arborescens* 'Annabelle')
witte hortensia (Hydrangea arborescens 'Annabelle')

10 hedges of hornbeams (*Carpinus betulus*)
hagen van haagbeuk (Carpinus betulus)

11 lawn
gras

12 rhododendrons + tall bushes and trees
Rododendrons + hoge struiken en bomen

13 shrubs + ground cover plants
struiken + bodembedekkers

14 giant sequoia (*Sequoiadendron giganteum*)
mammoetboom (Sequoiadendron giganteum)

15 orchard
boomgaard

16 enclosed garden of blue and white flowers
blauw- en witbloeiende, omsloten tuin

17 pond made with lining
vijver met vijverfolie

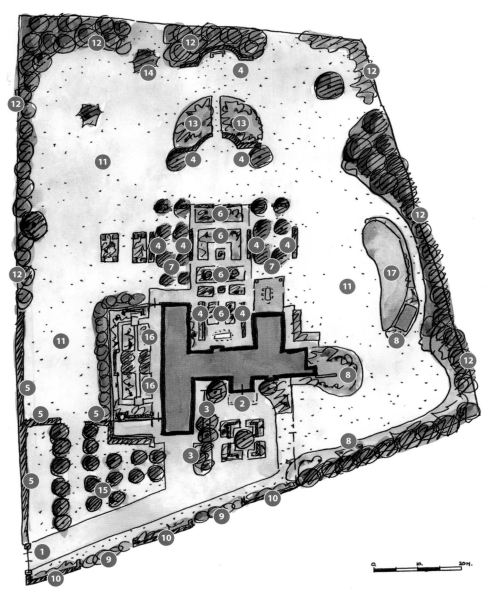

Garden in Wilp

Enjoying the outdoors along
the River IJssel

For many centuries landscape architects have been
providing often stunningly impressive gardens for grand
buildings. Take the Palace of Versailles – the series of gardens there, designed by the landscape architect André
le Nôtre, are so spectacular that Louis XIV's palace could
almost risk being overlooked. The gardens at Sissinghurst
Castle, whilst having been laid with the utmost respect
for the ruins, are infinitely more important than what
remains of the Tudor house.

Tuin te Wilp

Een buitenplaats aan de IJssel

Al eeuwenlang zijn grandioze gebouwen door tuinont-
werpers voorzien van vaak verpletterend indrukwekkende tuinen. Neem het paleis in Versailles; daar is de door
tuinarchitect André le Nôtre ontworpen serie tuinen zo
spectaculair, dat men bijna het paleis van Lodewijk de
Veertiende vergeet. Bij het ruïneuze kasteel Sissinghurst
Castle zijn de tuinen, die weliswaar met respect voor de
bouwkundige restanten zijn toegevoegd, oneindig veel
belangrijker dan de overgebleven architectuur.

Refinement

The Netherlands has many rivers and charming river landscapes, and there are many picturesque spots along the River IJssel between Zutphen and Deventer. The dikes that attempt to constrain these rivers hide farms, villages or maybe even an old town from view. Several unique country residences have also been built surprisingly close to the 'threatening' waterway and the owners of one of them called me in. In the 19th century, a well-known landscape architect had dug out large deep ponds behind the dike and used the earth to form a mound. A classic country manor was built on top of it.

The new house is completely symmetrical. Large high windows provide a view out onto the ponds and the river beyond. The garden around the house was landscaped with large trees and shrubs. Since there were no flower gardens or other kinds of refinement, I made some suggestions. At the front of the house, I introduced gravel patios edged with classic rose beds, with low *Buxus* hedges enclosing the roses. The strong green lines balance well with the grand architecture. Orange-brown colours were chosen for the flowers in the borders elsewhere in the garden – Peruvian lilies *(Alstroemeria)*, daylilies *(Hemerocallis)*, roses and *Ligularia*.

Verfijning

Nederland kent verrassend mooie landschappen langs zijn vele rivieren. De IJssel tussen Zutphen en Deventer heeft ook van die plekken waar je als schilder naar je penseel wilt grijpen. Achter de dijken die deze rivier proberen te beteugelen, liggen veel boerderijen en soms een dorp of een oude stad. Bijzonder zijn de enkele buitenplaatsen die dicht bij het 'gevaarlijke' rivierwater zijn gebouwd. Bij een ervan werd mijn hulp ingeroepen. De buitenplaats is in de 19e eeuw gebouwd op een heuvel die een befaamd landschapsarchitect had laten opwerpen. De aarde hiervoor was afkomstig uit de grote, diepe vijvers die de architect achter de rivierdijk had laten graven. Op deze heuvel werd een klassiek landhuis gebouwd.

Het nieuwe landhuis is geheel symmetrisch van opzet. Grote, hoge ramen bieden een blik op de vijvers en de rivier in de verte. De tuin rond het huis was landschappelijk, met groepen bomen en struiken. Een tuin met bloemen en verfijning was er niet. Hiervoor deed ik voorstellen. Aan de voorzijde kwamen klassieke rozenranden rond grindterrassen. Brede lage *Buxus*-hagen omsluiten hier de rozen en vormen sterke lijnen van groen, die de confrontatie met de statige architectuur goed aankunnen. Voor de borders elders in de tuin werden oranjebruinkleurige bloemen gekozen: Incalelies *(Alstroemeria)*, daglelies *(Hemerocallis)*, rozen en *Ligularia*.

1 manor house
   landhuis
2 entrance gates
   entreepoort
3 *Buxus* hedges + white roses
   Buxus-hagen + witte rozen
4 mosaic garden with grey-leaved herbs and perennials
   mozaïektuin met grijsbladige kruiden en vaste planten
5 renovated greenhouse + cold frames made of brick and glass
   oude gerestaureerde kweekkas + koude bakken van baksteen met glas
6 scattered fruit trees
   verspreid staande fruitbomen
7 perennials + roses, mainly orange-yellow
   vaste planten + rozen, veelal oranje-geel
8 beech hedges
   beukhagen
9 large landscaped pond
   grote landschappelijke vijver
10 groves + large trees
   bosschages + grote bomen
11 pond made with lining
   vijver met vijverfolie

The sloping mosaic garden

Behind the house was a sloping lawn that I transformed into a grey garden using the pale shades of Lamb's Ears *(Stachys olympicus)* and rue *(Ruta)* enclosed by lines of *Buxus*.
The focal point in this part of the garden is a bronze-coloured statue on a plinth, picked up once in Spain.

De hellende mozaïektuin

Achter het buitenhuis lag een hellend grasveld, dat ik omtoverde in een grijsbladige tuin. Onder meer andoorn *(Stachys olympicus)* en wijnruit *(Ruta)* zorgen hier voor de lichte tinten, die gevat zijn in een hecht stramien van *Buxus*. Een ooit in Spanje gekochte bruingekleurd metalen beeld op sokkel vormt de bekroning van dit tuingedeelte.

Re-claiming the old kitchen garden

Behind the house the first landscape gardener had created a circular kitchen garden surrounded by several wonderful beech trees. We immediately removed all the Christmas trees which had been planted here by the previous owners. Looking away from the house the garden to the left was divided using beech hedges, echoing the circular shape of the original kitchen garden. A lawn was laid in one compartment and a huge garden of perennials and a pond in the other. The greenhouses to the right were completely renovated and I added a new garden full of produce and flowers just ripe for the picking. The path running all the way round this garden winds beneath lots of tall wide metal arches covered with all kinds of beautiful climbing plants, some of which are evergreen and/or scented.

The end result was a spectacular series of gardens which can all be seen from the house. The calm landscaped ponds, the trees and groves around the garden represent serene elements that help to create a sense of harmony.

De oude moestuin wordt weer tuin

De eerste landschapsarchitect had achter het landhuis een ronde moestuin aangelegd, die door enkele prachtige beuken werd omgeven. Door de vorige bewoners was deze tuin vol geplant met kerstbomen. Deze haalden we er meteen uit. Vanuit het huis gezien links werd de achtertuin met beukenhagen verdeeld. Deze hagen herhalen de ronding van de oorspronkelijke moestuin. In de afzonderlijk delen kwamen een grasveld en een enorme vasteplantentuin met vijver. Rechts liggen de kwekerijgebouwen, die helemaal zijn gerestaureerd. Ook bij deze gebouwen werd een bijzondere tuin aangelegd: een moes- en bloementuin waar men naar hartenlust kan oogsten. Rond deze tuin loopt een loofgang die is opgebouwd uit vele hoge en brede metalen bogen. De loofgang is beplant met alles wat mooi bloeit en soms ook wintergroen en/of geurend is.

Zo ontstond een spectaculaire serie tuinen die men vanuit het huis kan overzien. De rustige landschappelijke vijvers, de bomen en bosschages ligger er als rustgevende elementen omheen, zodat harmonie gewaarborgd is.

Garden in Amsterdam
A small city-centre garden

Many large gardens are concealed behind Amsterdam's imposing canal-side residences. In bygone times it was not unusual to 'steal' the garden from the neighbours to create an even larger garden for oneself. However most city-dwellers are happy to have a garden at all, whatever its size. And as anyone who has been in a small city-centre garden knows, creative thinking is required when it comes to seating areas, plants and boundaries.

Two artistic clients with a passion for interiors, decoration and all manner of glass and porcelain objects allowed me to create the same kind of allure in their tiny canal-side garden as they had done themselves on the inside of their house. The ornaments create the allure while the plants represent the softer transient elements that make it a real garden.

Tuin te Amsterdam
Een kleine stadstuin

Amsterdam kent veel grote tuinen achter de imposante gevels langs de grachten. In de loop der eeuwen kwam het wel eens voor dat tuinen werden 'afgepakt' van het buurhuis om zelf een nog grotere hof te kunnen creëren. Wie echter niet beter weet, is in de stad al lang blij met zijn geminiseerde stukje groen. Dat er dan met de ruimte moet worden gewoekerd als er zitplekken, planten en afscheidingen moeten komen, is duidelijk voor iedereen die wel eens zo'n 'postzegel' heeft gezien.

Voor twee artistieke opdrachtgevers die zeer bedreven zijn met interieurs, decoratie en alles wat met glas en porselein te maken heeft, kon ik hun piepkleine grachtentuin toch de allure geven die ook in hun interieur te vinden is. Hier zorgen de ornamenten voor allure. De planten vormen de zachte, met het seizoen veranderende elementen die er een tuin van maken.

Garden in Sassenheim
A formal rose garden

Sometimes the garden can be extended leading to the question 'How are we going to fill it?' It can be interesting to use this opportunity to create something different in this new space using a style or certain plant varieties that are not to be found in the existing garden. If the current garden is formal the new space could be an orchard, for example, planted with wild flowers and grassy paths.
To a garden full of flowers and lush foliage one could add the straight lines of a formal garden containing herbs and vegetables or perhaps one's favourite roses.
Separating this new area from the existing garden by creating intriguing narrow passageways or shady places can add an extra dimension of mystery and intimacy to the outdoor space.

Tuin te Sassenheim
Een formele rozentuin

Soms kan het eigen terrein worden uitgebreid en ontstaat de vraag: Wat gaan we hiermee doen? Interessant is het om daar dan iets te creëren wat er qua stijl en beplanting nog niet is. Bij een reeds aanwezige, formele tuin ontwerpt men bijvoorbeeld een boomgaard met wilde bloemen en gemaaide paden. Bij een romantische tuin vol bloemen en uitbundige bladvormen komt een formele tuin voor kruiden en groenten of bijvoorbeeld alle lievelingsrozen gevat in strakke vormen.
De overgang tussen de bestaande en de nieuwe tuin kan open zijn, maar interessanter is het om hier juist een geheimzinnig gebied van schaduw en vernauwing te maken, die hoge verwachting oproept van wat nog te wachten staat.

The new garden

Following this principle a new rose garden, divided into four main blocks, was laid next to a large garden with lots of perennials, trees and lawn. I also introduced a large orangery which was a perfect spot to sit and read surrounded by tropical pot plants. A slightly raised pond was laid in front of it, edged with ornamental weeping silver pears, *Pyrus salicifolia* 'Pendula', forming a small courtyard for the orangery's large reflective wall of glass.

De nieuwe tuin

Op deze manier ontstond naast een grote tuin met veel vaste planten, gras en bomen, een nieuwe rozentuin die in vier hoofdvakken werd ingedeeld. Ook kwam er een grote oranjerie waar men heerlijk kon zitten lezen tussen tropische planten in potten. Voor de oranjerie werd een iets verhoogde vijver aangelegd met rondom grijs-bladige sierperen, *Pyrus salicifolia* 'Pendula', als voorhof voor de grote spiegelende glaswand van de oranjerie.

The old garden

Having had several functions this art-deco villa was eventually turned into a residence again. A conservatory was built on the rear and just to the side of the line of vision I designed a wide elongated pond and a path through a lush border of white and yellow perennials, roses and ornamental grasses. There is also room for a few flowering trees and shrubs so that something is in bloom all year round.

This garden behind the house is divided in three with hedges, pergolas and trees. As is the tradition in many large gardens attached to luxury residences, the orchard at the far end of the garden adds a rural touch to an otherwise very distinguished garden 'creation'.

Two corridors of green

A long grassy path was laid down both sides of the old garden edged with green plants. One path had to the right an evergreen conifer hedge and to the left a beech hedge that is green in the summer and brown in the winter. The other green path had a beech hedge on one side too – *Fagus*. The other side is somewhat playful, left partially open to allow a glimpse through the old alders *(Alnus)*. These areas have been purposefully kept free of flowers to create spaces of light and shade and a meditative mood.

De oude tuin

Na vele functies te hebben gehad werd deze art deco-villa weer tot woonhuis gemaakt. Aan de achterzijde werd een serre aangebouwd en daar kwam, net iets naast de zichtas, een brede lange vijver met een border in de kleuren geel en wit, bestaande uit vaste planten, rozen en siergrassen. Een pad loopt tussen deze weelderige beplanting door. Er is ook plek voor enkele bloeiende bomen en struiken, zodat hier in alle seizoenen volop bloei is.

Deze hoofdruimte achter het huis is in drieën gedeeld met hagen, pergola's en bomen, en heeft aan het einde een boomgaard. Dat laatste is een traditie die in veel grote tuinen bij villa's iets landelijks brengt in de verder vaak zeer gedistingeerde tuincreaties.

Twee groene gangen

Langs beide zijden van de oude tuin werden twee lange graspaden aangelegd, die door al even groene beplantingen omgeven zijn. Eén gang heeft rechts een altijd groene coniferenhaag en links een 's zomers groene en 's winters bruine beukenhaag. De tweede groene gang heeft aan één zijde ook een haag van beuken: *Fagus*. De andere zijde is speels en gedeeltelijk open omdat men er tussen oude elzen *(Alnus)* door kan kijken. Deze meditatieve ruimtes zijn plekken om van schaduw en licht te genieten, waarbij bewust iedere bloei is vermeden.

Garden in Boekhoute, Belgium

A formal flower garden

One of the things that can be learned from studying plans of old gardens is how to create a well-proportioned central space – and the methods are simple yet effective. If the site has a strange shape you can deal with difficult corners by either completely ignoring them, by sowing a lawn or by filling them with plants. I discovered this myself when I was studying the plans of the entire site around Vaux le Vicomte, a French castle garden designed by André le Nôtre. I noticed that the large central *Buxus* garden, although completely symmetrical, was situated in a very oddly shaped space. Le Nôtre had created the overall illusion of perfect symmetry by planting wooded areas of trees and shrubs around the central open garden.

Tuin te Boekhoute, België

Een formele bloementuin

Een van de dingen die men kan leren door plattegronden van oude tuinen te bestuderen, is de kunst van het creëren van een goed geproportioneerde centrale ruimte. Het principe is even eenvoudig als geniaal. Bij een rare ongelukkige vorm van een terrein negeert men de rare hoeken door er of helemaal niets mee te doen, door er eenvoudig gras te zaaien of door deze stukken vol te planten. Zelf ontdekte ik dit door de plattegrond te bestuderen van het gehele terrein rond Vaux le Vicomte, een Franse kasteeltuin ontworpen door André le Nôtre. Het bleek dat de grote, centrale, volkomen symmetrische *Buxus*-tuin in een terrein lag met allerlei vreemde uitstulpingen. Rond die centrale open tuin plantte Le Nôtre bosschages, bomen en struiken, waardoor de illusie ontstond van volmaakte symmetrie.

This method can still be used very successfully. I used a solution along these lines for a modern villa in Belgium. The garden tapered to a point so I placed hedges so as to create a wonderful line of vision down the centre with perennial borders around the edge. This compensated for the diagonal line in the garden and resulted in a harmonious formal flower garden.

Dit principe kan nog steeds zeer goed worden toegepast. Voor het in een punt toelopende terrein bij een eigentijdse villa in België bedacht ik een dergelijke oplossing. Hagen werden zo geplaatst, dat een geweldig centraal perspectief c.q. zichtas is ontstaan, met daaromheen borders met vaste planten. Zo werd de scheve lijn van het terrein weggewerkt en ontstond er een harmonieuze, formele bloementuin.

Natural
gardens
Landelijke tuinen

I often think that nature is much more interesting than any garden can ever be. Imagine the beauty of a meadow full of wild flowers, the charm of unspoilt riverbanks, breathtaking views along rocky coastlines, deserted beaches or luscious groves. What garden can match that? We landscape architects have learned long ago to not even attempt it. Instead we elect to 'borrow' certain elements from nature and use them to create new compositions and moods which often differ dramatically from the original source of inspiration. We haul rocks into gardens, throw in some fancy trees and shrubs and complete the picture by adding a few well-chosen hedges and flowers. In another garden we might plant a mixture of flowers, trees and shrubs found in the wild.

Vaak denk ik dat de natuur veel boeiender is dan welke tuin dan ook. Wie zijn blik wel eens heeft laten gaan over een weide vol wilde bloemen, weet wat schoonheid is. Al even bijzonder zijn rivieren met ongerepte oevers. Kuststroken langs zeeën kunnen evenzo adembenemend zijn met ruige rotsen, stille stranden of weelderige bosschages. Welke tuin kàn dat evenaren? Wij tuinarchitecten hebben al lang geleerd dat niet na te willen streven. Daarom kiezen we ervoor elementen uit de natuur te 'lenen' en hiermee nieuwe composities en sferen te creëren, die totaal anders dan de oorspronkelijke inspiratiebron kunnen zijn. Wij slepen rotsen naar tuinen, kiezen grillige bomen en struiken en vervolmaken dat met enkele erbij passende struiken en bloemen. Elders zullen we wilde bloemen zaaien en in- heemse wilde bomen en struiken planten.

Natural
gardens

Cultivated plants can create a natural feel

Planting only white and pale yellow flowers together with plants with simple green foliage can create a calm natural feel. You should steer cleer of brightly coloured roses or any plants with large flowers. Combining lawns, ornamental grasses and any other green plants will achieve a sense of harmony. A natural garden does not necessarily mean boring – you can mix plants with differently shaped leaves, for a start. For best results begin with plants with large foliage at the front and place taller plants with small foliage behind them. Select one colour only per group of plants and make sure that something is in bloom all year round.

Suitable plants

Hostas – ideal because of the huge variety in foliage. Some have enormous oval leaves while others have tiny ones in every conceivable shade of green. Hostas should be planted on their own in small gardens but in large gardens they can be planted in winding rows.
Hydrangeas – once again there is a lot of diversity. Do not plant them in large groups in a natural garden; instead plant just one surrounded by ground cover plants, especially in a small garden. In a big garden you can 'scatter' them. Hydrangeas are often white but there are also many gorgeous subtle shades of pink, blue, green and green-purple available. There are varieties that grow several metres tall but also smaller ones growing to around one metre. Make sure there is enough shade and moisture.
Ivy *(Hedera)* – thrives virtually everywhere but can become unruly. Grows best in trees and against walls. Often trained along netting to create an evergreen hedge. Also an effective ground cover plant.
Geranium – an extended family with many tall but fortunately also numerous shorter plants that are suitable as ground cover. Has natural-looking flowers in all shades of mauve, pink, blue and white. Many varieties have evergreen leaves.

Ground cover plants

Examples of suitable ground cover plants are *Pachysandra terminalis* (white) when planted in large groups, *Waldsteinia ternata* (yellow), *Asperula odorata* (white), *Pulmonaria* (blue, pink, white, with pretty foliage) and *Lamium* (yellow, white and all shades of pink and purple).

Pruning is permitted

Even in the natural garden, it's okay to prune to keep vegetation in check – hedges, trees, roses etc. Pruning is essential to maintain enough natural light and space, as well as preventing the garden becoming over-run with too much of one type of plant. If you value diversity, you can't avoid pruning.
Solitary plants – remove lower limbs wherever possible to retain their ornamental character in the midst of the ground cover plants. This also frees up more space for sun and/or shade-loving plants beneath them.
Shrubs – these can be pruned to form one common shape. Even in a natural garden it can sometimes be necessary to remove the thickest limbs from shrubs to stimulate the growth of new shoots.

Tending perennials

It is of course ideal if all of the various perennials and other plants remain nicely in place and in check, requiring no further effort. Cultivated perennials have been specially selected for this reason, so if you are looking for a low-maintenance garden, choose these.

Landelijke
tuinen

Een natuurlijke sfeer met gekweekte planten

Een rustige, natuurlijk aandoende sfeer ontstaat als men zich beperkt tot witte en zacht gekleurde bloemen gecombineerd met planten met eenvoudig groen blad. Hier geen fel gekleurde rozen en zeker geen planten met grote bloemen. Veel groen moet er zijn, van gras, siergras en alle overige planten, die samen voor harmonie zorgen. Zo'n tuin hoeft beslist niet saai te zijn. Kies om te beginnen planten met verschillende bladvormen; let bij het combineren op afwisseling in bladvormen. Zet grootbladige planten vooraan en hogere planten met klein blad daarachter. Kies liefst per groep planten één kleur en zorg ervoor dat er steeds iets in bloei staat.

Geschikte planten

Hosta's – bij uitstek geschikt vanwege hun enorme variëteit in blad. Dit zijn planten met enorme ovale bladeren maar er zijn ook planten met hele kleine ovale blaadjes. Het blad is er in alle tinten groen. Plant Hosta's in kleine tuinen het liefst als solitair, in grote tuinen zijn ze mooi om er slingervormen mee te maken. Hortensia's *(Hydrangea)* – ook hier bestaat veel variatie. Vermijd in een natuurlijke tuin te grote groepen. Plant ze liever als solitair; een enkele plant met een ondergrond van bodembedekkende planten. In een grote tuin kan men ermee 'strooien', in een kleine tuin is een enkele plant genoeg. Hortensia's zijn er in het wit, maar ook in prachtige zachte tinten roze, blauw, groen, wit en groenig paars. Er zijn metershoge variëteiten, maar ook lagere, ongeveer 1 meter hoog. Zorg voor voldoende schaduw en vocht.
Klimop *(Hedera)* – doet het vrijwel overal goed. Het is een woekeraar die in toom moet worden gehouden. Het liefst groeit hij in bomen en tegen muren. Langs stevig gaas geleid, wordt hij veel als wintergroene haag gebruikt. Maar ook als bodembedekker is hij geschikt.
Geranium – een uitgebreide familie met veel hoge maar gelukkig ook een groot aantal laagblijvende planten die geschikt zijn als bodembedekker. Heeft natuurlijk ogende bloemen in alle tinten violet, roze, blauw en wit. Veel variëteiten hebben ook wintergroen blad.

Bodembedekkers

Enkele geschikte bodembedekkers zijn *Pachysandra terminalis* (wit) mits in grote groepen aangeplant, *Waldsteinia ternata* (geel), *Asperula odorata* (wit), *Pulmonaria* (blauwe, roze, wit en mooi blad) en *Lamium* (geel, wit en alle tinten roze en paars).

Plants such as Sweet Woodruff *(Asperula)*, pansy *(Viola)*, periwinkle *(Vinca)* and Carpet bugle *(Ajuga)* do not become unruly. Give them lots of space and plant them in long winding rows. Also suitable are for example Christmas roses *(Helleborus* varieties), ferns and some of the many varieties of *Geranium*.
There will always be some gardeners who prefer to fill their natural garden with wild plants. A word of warning: such plants tend to do justice to their name and may soon be running riot.

Snoeien mag

Ook in de natuurlijke tuin mag volop worden gesnoeid. Dit geldt voor eventuele hagen, bomen die in toom gehouden moeten worden, rozen etc. Snoei is ook bedoeld om voldoende licht en ruimte te behouden. Bovendien zal er anders te veel van hetzelfde in de tuin groeien. Wie variatie op prijs stelt, zal moeten snoeien. Solitairen – probeer deze zo veel mogelijk van hun onderste takken te ontdoen, zodat ze sierlijk in hun lage onderbegroeiing staan.
Eronder is dan plek voor allerhande planten die van zowel licht als schaduw houden. Heestergroepen – deze kunnen als één vorm worden gesnoeid zodat er een dichte massa ontstaat. Ook in de natuurtuin moet men heesters soms verjongen door ze van hun dikste takken te ontdoen. Dit stimuleert ze om jong, gezond schot te maken.

Onderhoud van vaste planten

Het is natuurlijk ideaal als er niets aan de beplanting gedaan hoeft te worden, omdat de verschillende vaste planten en andere kruidachtige gewassen keurig netjes op hun plek blijven en geen woekerneigingen vertonen. Dit zal met name het geval zijn bij gekweekte vaste planten die op deze eigenschap zijn geselecteerd. Wilt u dus probleemloos tuinieren kies deze dan.
Planten als lievevrouwebedstro *(Asperula)*, viool *(Viola)*, maagdenpalm *(Vinca)* en zenegroen *(Ajuga)* zijn geen woekeraars. Geef ze de ruimte en plant ze naast elkaar in lange slingerachtige groepen. Ook geschikt zijn bijvoorbeeld kerstrozen *(Helleborus*-soorten), varens en enkele van de vele *Geranium*-variëteiten.
Toch zullen er onder de tuiniers ook natuurtuinliefhebbers zijn die juist op zoek gaan naar wilde planten. Let op: dergelijke planten doen hun naam eer aan en zullen verwilderen.

interart.nl

Garden in Heeswijk Dinther
Interart Sculpture Garden – part formal, part landscaped

The sculpture gardens in Heeswijk Dinther were designed in several phases. It began with the landscaped pond that was laid diagonally, pointing towards the majestic Heeswijk Castle located nearby.

In 1990, a 25-metre-long arched pathway was created next to the pond, with ivy, *Rosa* 'New Dawn', honeysuckle and blue Japanese wisteria trailing over the metal arches. Another long path with large *Buxus* cubes extends this line. Between the arched pathway and the long path, and edged with white and blue-flowering perennials and roses, there are two small squares which form the ideal display area for numerous sculptures by internationally-renowned artists.

Tuin te Heeswijk Dinther
Interart Beeldentuin: deels landschappelijk, deels formeel

De beeldentuin in Heeswijk Dinther werd in meerdere fasen ontworpen. Het begon met de landschappelijke vijver, die diagonaal, in de richting van het dichtbij gelegen imposante kasteel Heeswijk werd aangelegd.

Naast de vijver werd in 1990 een 25 meter lange loofgang geplaatst, waar over de metalen bogen klimop, *Rosa* 'New Dawn', kamperfoelie en blauwe regen zijn geleid. Een lang pad met vierkante *Buxus*-blokken ligt in het verlengde ervan. Tussen de loofgang en het lange pad zijn twee pleintjes gesitueerd, omgeven door wit- en blauw bloeiende vaste planten en rozen. Veel beelden van internationaal bekende kunstenaars staan hier opgesteld.

Glimpses of other ponds, orchards, the orangery and the unique herb garden can be caught through the neat hedging. As well as providing a lot of space for the many clusters of sculptures, these elements also enable them to be displayed against a different backdrop each year.

Tussen strakke hagen ziet men andere vijvers, fruitgaarden, de oranjerie en de unieke kruidentuin, die alle ruimte bieden aan de vele beeldengroepen die op een jaarlijks wisselende plek ten toon worden gesteld.

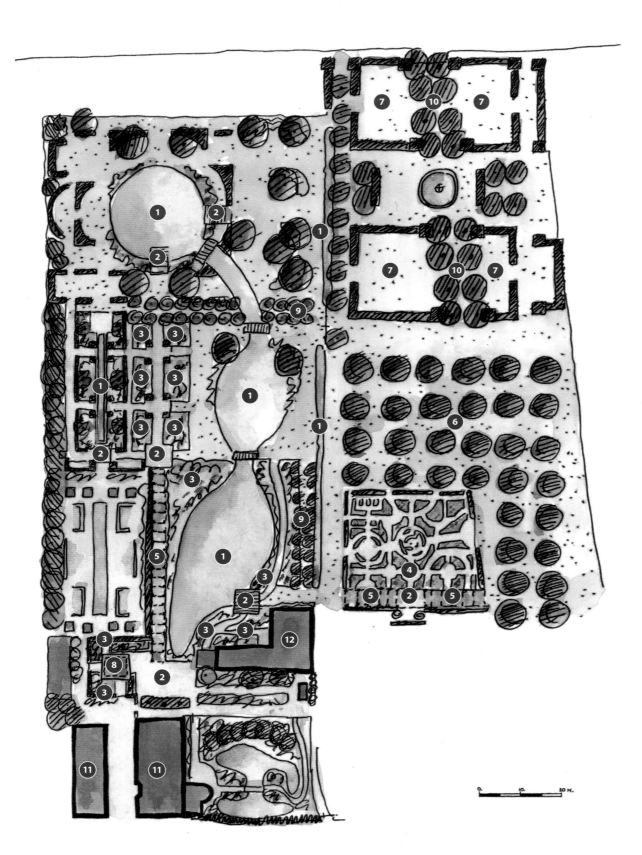

1 ponds + channels
  vijvers + sloten
2 paved terraces and wooden decking
  terrassen van steen of hout
3 flowering plants
  bloeiende planten
4 herbs
  kruiden
5 covered arches
  loofgangen
6 orchard
  boomgaard
7 parking area on the grass amidst tall beech hedges
  (Fagus sylvatica)
  parkeren op gras binnen hoge beukenhagen (Fagus sylvatica)
8 gazebo with white Chinese wisteria (Wisteria sinensis 'Alba')
  prieel met witte regen (Wisteria sinensis 'Alba')
9 avenues of apple and willow trees
  laantjes van appel en wilg
10 avenues of red beech trees
  laantjes van rode beuk
11 house + office
  woonhuis + kantoor
12 exhibition area
  expositiekas

Paul Ceulemans

Jan de Graaf

There is the butterfly garden to attract butterflies, and several tropical plants are thriving in the large orangery, which also houses a display of sculptures of varying sizes, glass objects, ceramics and even – exhibited in glass cabinets – pieces by renowned jewellers.

The garden is in a constant state of change, with the most recent adaptation being the addition of poems within the framework of the 'Land Art' project.

Whilst originally intended as a private garden, this collection of open yet enclosed spaces was soon discovered by sculptors and is now one of the most coveted places to exhibit one's work. When the white Japanese wisteria (*Wisteria floribunda* 'Alba') is in bloom the iron gazebo, measuring 7 by 7 metres, forms the spectacular focal point of this landscaped garden in which art and nature have achieved symbiosis.
And hence one can find, in the centre of the urban triangle formed by the cities of Eindhoven, Nijmegen and Den Bosch, an oasis of culture.

Gerard Engels

Voor vlinders is er de vlinderlaan en in de grote oranjerie groeien uitbundig enkele tropische planten. Hier vindt men grote en kleine beelden, glasobjecten, keramiek en in vitrines sieraden van bekende edelsmeden.

Steeds is de tuin in beweging met als laatste het Land Art-project, waarbij gedichten zijn geplaatst.

De oorspronkelijk als privé-tuin bedoelde compositie van open dichte ruimtes werd al snel door beeldhouwers ontdekt en geldt nu als één van de meest geliefde plekken om te exposeren. Als de witte regen (*Wisteria floribunda* 'Alba') bloeit is het ijzeren prieel van 7 bij 7 meter het spectaculaire centrum van deze landschappelijke tuin, waar kunst en natuur een symbiose zijn aangegaan.
En zo ontstond in de stedelijke driehoek Eindhoven, Nijmegen, Den Bosch een oase van cultuur.

Mieke Oldenburg

Garden in Lochem

15a - Gallery & Sculpture Garden

Since the beginning of history people have made sculptures – of gods, goddesses and all kinds of symbolic figures. Sculptures of goddesses of fertility dating from the Stone Age have been found on the island of Corsica. Avignon declared itself France's oldest city after archeological findings showed that people had sculpted figures modelled on humans there more than 4000 years before Christ. Stone does not decompose like wood, paint or fabric making these remains credible witnesses of long-forgotten cultures. There is evidence that many ancient cultures around the world have used sculptures to tell stories – think of China and the famous terracotta army in Xian or of Egypt, Peru and Mexico to name but a few. In more recent times wealthy individuals, philosophers and nobility commissioned sculptures from well-known artists to decorate their courtyards and gardens.

Tuin te Lochem

15a - Galerie & Beeldentuin

Sinds mensenheugenis hebben mensen beeltenissen gemaakt, van goden, godinnen en allerhande figuren met een symbolische betekenis. Op Corsica zijn beelden van vruchtbaarheidsgodinnen gevonden, daterend uit het stenen tijdperk. Avignon noemt zichzelf de oudste stad van Frankrijk, omdat vondsten aantoonden dat daar al 4000 jaar voor Christus beeltenissen van mensachtige figuren werden vervaardigd. Omdat steen nu eenmaal minder snel vergaat dan hout of verf en doek, zijn deze overblijfselen als getuigenissen van verdwenen beschavingen. Ook in heel andere culturen dan de onze heeft men van oudsher met beelden allerhande verhalen willen vertellen. Denk maar aan China, met in Xian het beroemde terracotta leger. En ook in Egypte, Peru, Mexico geven beelden een les in geschiedenis. Eeuwen later lieten rijke burgers, geestelijken en de adel door beroemde kunstenaars beelden vervaardigden, geheel naar hun eigen wensen. Hiermee lieten zij pleinen en tuinen verfraaien.

15a.nl

The first step

It is no easy task to set up an outdoor exhibition. First of all one has to select the artists and then the sculptures need to be presented in appealing surroundings making sure each one is displayed to maximum effect.

An enthusiastic couple living in Lochem does just this, together with their son, in a somewhat restrained formal garden next to two farm buildings. First of all I designed a square with an elongated pond accompanied by two borders containing ornamental grasses, shrubs and perennials. A visit begins on a covered gravel terrace displaying several sculptures and can continue with a stroll through the garden or a trip to the gallery located in one of the two farm buildings. Around the other building, which functions as a residence, I designed gardens of white flowering plants to be enjoyed by everyone.

De eerste stap

Het runnen van een buitenexpositie is geen kleinigheid. Men moet allereerst een eigen selectie van kunstenaars maken. Vervolgens moeten de sculpturen in een fraaie omgeving worden geplaatst, en wel zo dat elk beeld optimaal tot zijn recht komt.

In Lochem doet een enthousiast echtpaar dit samen met hun zoon in een sobere formele tuin die bij twee boerderijgebouwen is aangelegd. Als eerste werd een plein met een lange vijver gerealiseerd, begeleid door twee borders met siergrassen, heesters en vaste planten. Bezoekers worden ontvangen op een overdekt grind-terras waar beelden staan. Daarna kan men door de tuin wandelen of de galerie bezoeken die in een van de twee boerengebouwen is gevestigd. Bij het tweede gebouw, dat als woonhuis in gebruik is, werden witbloeiende tuinen aangelegd, die iedereen bewonderen kan.

1 house
   woonhuis
2 gallery in farm building
   galerie in boerderijgebouw
3 covered reception area (gravel)
   overdekt ontvangstterras van
   grind
4 terrace laid with blue-grey scoria
   bricks
   terras van blauwgrijze scoria-
   bricks
5 pond with at one end 4
   Catalpa's + Gunnera
   vijver met aan het einde 4
   Catalpa's + Gunnera
6 blue and purple flowers +
   display areas
   blauw- en paarsbloeiende be-
   planting + expositieplekken
7 beech hedges *(Fagus sylvatica)*
   beukenhagen (Fagus sylvatica)
8 *Taxus* hedges and cubes
   Taxus-hagen en -blokken
9 hedge of Portugal laurel
   (Prunus lusitanica)
   haag van Portugese laurier
   (Prunus lusitanica)
10 old oaks
   oude eiken
11 white border
   witte border
12 kitchen garden
   moestuin
13 yellow-flowering plants
   geelbloeiende beplanting
14 display areas
   expositieplekken
15 avenue between oaks and elders
   laan tussen eiken en vlieren
16 old barns
   oude schuren
17 storage barn
   opslag schuur
18 orchard
   boomgaard
19 gravel parking area
   parkeerplaatsen op grind

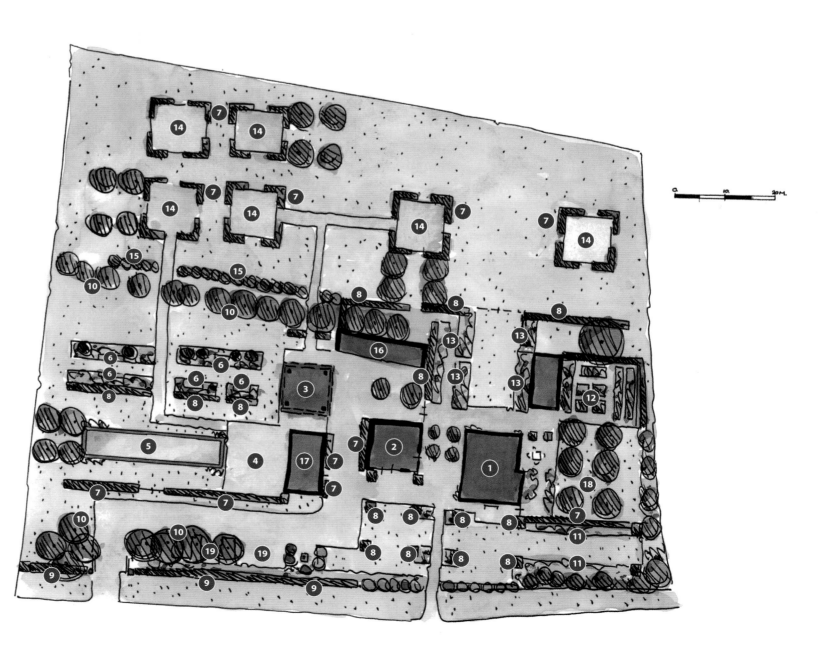

Extension of the garden

As the sculpture garden became more successful the owners bought up another plot of land. We call this garden II and the first one, with the pond, garden I. A long row of ancient but healthy oaks separates the two gardens but it's anything but a problem that the two sections are out of sight of each other – garden II comes as a pleasant surprise when strolling over the lawn. Donald Judd, a very minimalist American sculptor, provided the inspiration for this new section. The end result was grass underfoot with a taut square pattern of beech hedges connecting the various sections of the complex together. Each of these 'rooms' will eventually be given an individual character by using a different kind of ground cover in each but for the moment the garden project is complete and ready for business. Having said that, I can't help but be inspired by the agricultural land all around and have several ideas for what we could do with it.

Uitbreiding van de tuin

Toen eenmaal bleek dat de keuze voor meestal moderne beelden aansloeg bij de bezoekers en bij de kunstenaars, werd een strook grond bijgekocht. We noemen dit tuin II en de eerste, de vijvertuin, tuin I. Tussen beide delen staan eeuwenoude gezonde eiken in een lange rij. Op deze manier zijn beide delen visueel gescheiden, wat zeker geen nadeel is. Al wandelend over het gras ontdekt men tuin II. Inspiratiebron voor dit nieuwe deel vormde Donald Judd, een zeer minimalistische Amerikaanse beeldhouwer. Het resulteerde in een strak vierkant patroon van beukenhagen op gras, dat alle delen van het complex met elkaar verbindt. Op den duur zullen de zo gevormde 'kamers' een nog specifieker karakter krijgen door per hof één soort verharding aan te brengen. Vooralsnog is de tuin nu gereed voor het 'hooggeëerd' bezoek. Hoewel het boerenland rondom blijft inspireren en er als vanzelf gedachten opborrelen om ook daarmee iets te doen.

Garden in Eext
Gathering plants in a strong, well-built design

It all started with the purchase and renovation of an old farm. The owners asked me to design a garden featuring a range of different moods and I received a lot of input from them when realising my plans. Rarely was the collaboration between designer (myself as landscape architect) and plant expert (the two owners) so successful: all the plants were perfectly chosen, often around a particular theme, to contrast with the stark shapes. A few examples will be given here.

Tuin te Eext
Planten verzamelen in een hecht ontwerp

Het begon met de aanschaf van een oude hoeve die grondig werd gemoderniseerd. Voor de aanleg van de omringende tuin werd ik gevraagd. Ik tekende een hele serie sferen, die vervolgens met veel inbreng van de eigenaren werden uitgevoerd. Zelden is de samenwerking tussen de vormgever (ikzelf als tuinarchitect) en de plantenkenner (beide eigenaren) zo succesvol geweest als hier: alle strakke vormen kregen als contrast prachtige beplantingen die meestal van één thema uitgingen. Enkele zal ik hier noemen.

To the rear of the farmhouse, in the shade of an old oak tree, I created a large naturally-shaped pond, lining the base. I edged the pond with plants that grow in the wild including lots of ferns and Common Butterbur *(Petasites hybridus)*. In front of the farmhouse I laid a path using some round stones I found on site and edged it with two borders. One of the owners' requests was to identify and grow all herb varieties that were mentioned in old herb books, so I designed two herb gardens enclosed by hedges and woven willow fencing. Rigorous pruning of the herbs created blocks of colour whilst maintaining the natural effect. Then came a pond for toads and salamanders and a sun terrace with a sloping rock garden. New themed gardens were added year after year creating a uniquely diverse garden that was excellently tended and filled with the most unusual species of plants. The 'poison garden' definitely deserves a mention. Poisonous plants are used in homeopathic medicine to stimulate the body's natural defences as a way of fighting illnesses. This 'poison garden' had a spellbinding effect on everyone who saw it.

This unique creation has been filled with the most unusual varieties of plants and was, and still is, beautifully maintained. After being open for viewing for many years, the garden has now been closed to the public – a huge loss for gardening enthusiasts.

Achter de boerderij kwam een grote, natuurlijk ogende vijver met een bodem van vijverfolie. Eromheen kwamen wilde of wild lijkende planten, waaronder veel varens en groot hoefblad *(Petasites hybridus)*. Dat alles in de schaduw van een oude eikenboom. Vóór de boerderij kwamen twee borders langs een pad van ter plaatse gevonden ronde zwerfkeien. Een wens was het verzamelen en tonen van alle kruiden die in oude kruidenboeken werden genoemd. Hiertoe ontwierp ik twee kruidentuinen, die met hagen en wanden van gevlochten wilgentenen werden omgeven. De natuurlijke uitstraling van de kruiden werd geraffineerd bedwongen door ze waar nodig sterk te snoeien zodat er kleurvlakken ontstonden. Hierna volgde een vijver voor padden en salamanders. Een zonneterras met een talud voor droogteminnende planten werd aangelegd. Jaar na jaar volgden nieuwe thematuinen, zodat er een uniek complex ontstond vol diversiteit. Dit alles werd tot in de puntjes onderhouden en vol gezet met de meest bijzondere planten. In dit verband mag zeker de giftuin niet onvermeld blijven. In de homeopathie worden gifplanten toegepast in medicamenten om zo op een natuurlijke wijze het lichaam te stimuleren om antistoffen aan te maken tegen de te bestrijden ziekte. Deze giftuin had een magische uitstraling op iedereen die hem bekeek. Dit bijzondere geheel werd en wordt tot in de puntjes onderhouden en vol gezet met de meest bijzondere planten. Na jarenlange openstelling is de tuin nu voor publiek gesloten – beslist een gemis voor tuinliefhebbers.

1 approach
   entree
2 'concealed' front door to the hall
   'verstopte' voordeur naar hal
3 garage
   garage
4 path of round stones found on site
   pad van ronde zwerfkeien
5 herb garden + covered arches with
   trained fruit trees
   kruidentuin + loofgang met
   geleide fruitbomen
6 second herb garden
   tweede kruidentuin
7 semi-natural pond edged with wild
   plants
   semi-natuurlijke vijver met
   natuurlijke wilde beplanting
8 pink and purple perennials +
   beech hedges
   (Fagus sylvatica)
   roze- en paarsbloeiende vaste
   planten + beukenhagen
   (Fagus sylvatica)
9 pond for frogs, toads and
   salamanders
   padden-, salamander- en kikkerpoel
10 orchard
   boomgaard
11 nursery + black open barn
   kwekerij + open schuur in zwart
12 terrace paved with clinkers, with high
   brick wall and mound of earth planted with shrubs to attract butterflies
   klinkerterras met hoge gemetselde
   muur en aarden wal met
   vlinderstruiken
13 ponds
   vijvers
14 rose arches planted with roses and
   ivy + bonsai in the centre
   rozenbogen met rozen en
   klimop + bonsai in het midden
15 poisonous homeopathic plants
   giftige homeopathische planten
16 groves
   bosschages
17 beech hedges
   beukhagen
18 hawthorn bushes
   meidoornhagen
19 fruit trees
   fruitbomen
20 old oaks
   oude eiken

Garden in Uitwijk
'De Heulhoeve' farm –
hectare upon hectare of surprises

The shape, size and lines of a building provide a good starting point for designing the associated garden. The long lines of an elongated building can be extended in the form of a grassy path, a pond, or perhaps a hedge on both sides of the main axis. The garden of a former farm, now a residence, is a good example of this. A large rectangular pond carried on the lines of the elongated building. A long grassy path was laid parallel to this pond and lined with pruned canopy trees. A different mood was created in each space on both sides of the pond. To the side of the farmhouse was a large flower terrace and sitting area. Designing a natural-looking pond here edged with lots of large-leaved plants created later on a natural rural vista from the terrace. The visitor can follow a grassy path through the plants. Then came a large natural swimming pool and a garden full of Celtic symbolism. The orchard of cider apples from Normandy provides the finishing touch. This paradise on earth with its wide range of diverse moods has already provided a lot of pleasure to many visitors.

Tuin te Uitwijk
De Heulhoeve - Hectaren vol verrassing

Wanneer er een gebouw is, kan men de lijnen en de vorm, het volume ervan als uitgangspunt nemen voor de hoofdassen van de tuin. Bij een langgerekt gebouw kan men de lange lijnen doortrekken in een graspad, een vijver of twee hagen links en rechts van de hoofdas. Een goed voorbeeld hiervan is de tuin bij een boerderij die zijn landbouwfunctie had ingeruild voor een woonfunctie. Hier kwam een lange vijver in het verlengde van de langgerekte bebouwing. Evenwijdig aan deze vijver kwam een lang graspad waarlangs platgesnoeide plataanbomen werden geplant. Alle ruimtes links en rechts van de vijver kregen een eigen invulling met telkens een eigen sfeer. Aan de zijkant van de boerderij lag een groot bloemen- en zitterras. Het uitzicht vanaf dit terras kreeg later een landelijk, natuurlijk karakter door de aanleg van een semi-natuurlijke vijver met daaromheen veel grootbladige planten. Een graspad voert de bezoeker tussen deze planten door. Als laatste kwamen er een grote zwemvijver en een tuin vol Keltische symboliek. Een boomgaard met ciderappelbomen uit Normandië sluit dit aardse paradijs af, waar al vele bezoekers konden genieten van de vele tuinkamers en sferen.

Garden in Oud Beijerland

A windmill in an area prone to flooding

Windmills have been essential to Dutch life for centuries, using wind power to re-claim land from the water and to maintain water levels, or to saw wood or grind grain. Nowadays there are only too few windmills still in use – most of them stand as monuments to bygone days and many of them have been turned into homes.

Tuin te Oud Beijerland

Een molen in land dat telkens overstroomt

Molens hebben in Nederland eeuwenlang een belangrijke functie gehad. Gebruikmakend van de wind hielpen ze bij het ontwateren van meren en zelfs zeeën, en bij het op peil houden van de waterstand. Of er werd hout in gezaagd of graan gemalen. Tegenwoordig zijn er nog maar weinig molens in bedrijf. Het zijn nu meer monumenten, een herinnering aan vroeger, al of niet met een woonfunctie.

The windmill I was asked to help out on was no longer in use and was now a residence. Situated on the estuary known as Haringvliet, 90% of the property's land is flooded each winter. This moisture-rich site is an attractive habitat for birds. The seasonal flooding called for creative solutions so I designed a network of water channels, some wider than others. I used the dug-out soil to build small dikes that would protrude above the water level even during a flood. I laid pathways along the top of them leading to a sheepfold, a riverside path and a barn-like studio. This studio is one of the owner's favourite places – it has been beautifully decorated and has poetry inscribed on its interior walls. I designed several wooden decks outside this studio with benches around the edge so that guests have plenty of room to sit.

Abundance of wild flowers

Cultivated flowers would look wrong here so we decided to sow and plant native herbaceous species suitable for moist soils. Purple loosestrife *(Lythrum)*, kingcups *(Caltha palustris)* and arrowhead *(Sagittaria)* along with many other flowering plants create an explosion of colour along the channels and the marshy ponds in the spring and summer.

De molen waarbij mijn hulp werd ingeroepen, was niet langer in bedrijf maar werd bewoond. Het erbij behorende terrein komt iedere winter voor 90 % onder water te staan door het ernaast gelegen water: de Haringvliet. Dit vochtige landschap is een waar vogelparadijs. Het gegeven, nu eens overstromen en dan weer droog staan, vroeg om bijzondere oplossingen. Ik ontwierp een stelsel van sloten, sommige breed, andere smal, en gebruikte de aarde die hierbij vrijkwam om dijkjes te creëren. Deze dijkjes steken boven het water uit als de rest van het terrein is overstroomd en vormen droge wandeldijken. Deze wandelpaden voeren naar een schaapskooi, een wandelpad langs de rivier en naar een schuurachtige studio. Deze studio is het geliefde verblijf van de eigenaar, die het interieur prachtig liet schilderen en de wanden van dichtregels liet voorzien. Bij deze studio ontwierp ik vele houten terrassen met langs de randen zitbanken, zodat de gasten die hier komen overal kunnen zitten.

Vegetatie van wilde bloemen

In deze natuurlijke omgeving passen geen gekweekte bloemen. Er werd besloten om hier inheemse kruidachtige planten die van vocht houden, te zaaien en te planten. Kattenstaart *(Lythrum)*, dotterbloem *(Caltha palustris)*, pijlkruid *(Sagittaria)* staan hier samen met nog heel veel andere bloeiende planten. In het voorjaar en in de zomer zorgen ze voor een waar feest van kleur langs de sloten en de moerachtige vijvers die zijn gegraven.

The windmill and the clothes line

The windmill with its huge sails towers above this watery landscape of the river and its wetlands – witness to centuries of flooding – like an enormous sculpture. The windmill was previously home to a baroness until it was purchased by an energetic businessman who now entertains overseas clients in it – they are always tremendously impressed. As well as holding receptions, lunches and business dinners in the windmill, the owner treats his guests to a boat trip on the river and a visit to the marsh gardens and the various wooden platforms down by his studio. Poetry-lovers can soak up the inspiring verses from famous literary masters inscribed on the walls. Swans, moorhens, coots and lapwings can be observed here, to name but a few. Next to the windmill, at the edge of the small village, is a piece of grass that used to belong to the windmill. I fantasized that the wives of the village might like to come here to hang their washing on a special clothes-line structure designed by myself. It doesn't hurt to have dreams and in this case they even became reality...

De molen en de drooglijnen

Als een enorme sculptuur staat de molen met zijn grote wieken boven dit landschap, bestaande uit de rivier met de uiterwaarden, waar al eeuwenlang het teveel aan rivierwater zijn uitweg vindt. De molen was eerst eigendom en woonhuis van een barones, en werd later gekocht door een energieke zakenman die er zijn buitenlandse gasten ontvangt. Zij zijn altijd bijzonder onder de indruk. Ze krijgen drankjes en hapjes, lunch en diner in de molen, maken met het zeiljacht van de eigenaar een tochtje over de rivier en bezoeken bij de studio de moerastuinen met de vele afdalende houten terrassen. Wie van dichtkunst houdt, laat zich in deze studio meetronen naar de op de wanden geschilderde strofen van beroemde woordkunstenaars. Zwanen, waterhoentjes, meerkoeten, kievieten, er is een steeds wisselende vogelpopulatie te bewonderen. Naast de molen, tegen het kleine dorpje aan dat erbij ligt, bevindt zich een stuk gras dat ooit molengebied was. Hier mogen de dames uit het dorp hun was laten drogen aan speciaal door mij ontworpen waslijnconstructies. Dromen kan geen kwaad en soms worden ze werkelijkheid...

Garden in Chaam

Nothing but the best gardens for great architects

There are many examples of great architects setting their sights extremely high when it comes to their gardens. One of the most well-known cases is the collaboration between the architect Oscar Niemeyer and the artist-landscape architect Roberto Burle Marx, both from Brazil. In France the landscape architect Louis Benech has worked together with Jean Nouvel, such as just recently on the new garden for the Branly museum in Paris. I myself often collaborated with the architect Hooper, including on his own garden. For his modern bungalow-style home he shared with his wife, I transformed a space previously dominated by shade from too many dense trees into a light, bright and open world. I created surprises on both sides of the large central lawn area: a pretty swimming pool edged with ornamental grasses and white hydrangeas to one side, and a mass of roses and blue-flowering plants to the other. At a later stage they purchased an extra plot of land on which I created a large natural pond, avenues of wild plants, fruit trees and a private golf course.

Tuin te Chaam

De beste architecten willen het optimale

De beste architecten streven naar een uitzonderlijke buitenruimte rond hun gebouwen. Hier zijn veel voorbeelden van. Eén van de beroemdste is de samenwerking tussen Oscar Niemeyer, de Braziliaanse architect, en zijn landgenoot, de kunstschilder tuinarchitect Roberto Burle Marx. In Frankrijk werkt Louis Benech, de landschapsarchitect, samen met Jean Nouvel, zoals recentelijk het geval was bij de nieuwe tuin van museum Branly in Parijs. Zelf werkte ik vaak samen met architect Hooper, onder meer voor zijn eigen tuin. Bij het moderne bungalowachtige woonhuis van hemzelf en zijn vrouw werd een weidse, zonnige wereld gecreëerd waar eerst de schaduw heerste van te veel en te dicht opeen staande bomen. Aan twee kanten van een groot grasveld kwamen verrassingen: aan de ene kant een fraai zwembad omringd door siergrassen en witte hortensia's, aan de andere kant veel rozen en blauwbloeiende bloemen. In een tweede fase werd grond bij gekocht, waar een grote natuurlijke vijver, wilde-plantenlanen, fruitbomen en een privé-golfterrein werden aangelegd.

Garden in Baarsdorp
Hofstede Heuvelhof – A natural garden with formal elements

Designing a large site provides a lot of scope for creating an exciting and cohesive whole out of several different moods. This was the case in my own garden which comprised a field of more than 2.5 hectares next to an old farm. As I was trying to decide on a theme for my garden I discovered that the oldest part of the building was a former monastery. This marked the start of an important journey in search of elements from medieval monastic gardens.

This quest led me to learn about many different sites. At a modernistic villa in the style of Corbusier-Rietveld, for example, there are very particular ideas about design and the use of colour and materials. Each (stylistic) era has something to offer in terms of inspiration for design.

Tuin te Baarsdorp
Hofstede Heuvelhof - Een natuurlijke tuin met formele elementen

Als men een groot terrein mag vormgeven, bestaat de mogelijkheid om met meerdere sferen een samenhangend, spannend geheel te creëren. Zo ontstond mijn eigen tuin op een ruim 2,5 hectare groot weiland bij een oude hoeve. Peinzend over een thema voor mijn tuin ontdekte ik dat het oudste deel van de bebouwing een klooster was geweest. Dit werd het begin van een belangrijke zoektocht naar middeleeuwse, bij kloosters behorende tuinelementen.

Zo'n zoektocht kan zich op vele terreinen herhalen. Bij bijvoorbeeld een modernistische villa in Corbusier-Rietveldstijl horen heel specifieke ideeën over vormgeving, kleur- en materiaalgebruik. Iedere (stijl)periode heeft veel te bieden als bron van inspiratie voor de vormgeving.

Large medieval monastic elements

Monks led very isolated and self-sufficient lives so there were (and still are) always orchards, fields of cattle, herb gardens and large kitchen gardens. There might also be extra touches of luxury such as a covered walkway or a courtyard full of plants and flowers representing Christian symbolism. I introduced an additional element in my own garden: the labyrinth, symbolising a pilgrimage to the Holy Land. Everything was connected using hedges and grassy paths with different plants creating a unique mood in each space.

I designed a route for visitors to follow through my creation, starting at the blue garden and then progressing on to the yellow garden. The walk then proceeded past wild grass and meadows of sheep and horses then traced a U-shape along an avenue of apple trees and old rose bushes to finally come across the labyrinth. There were many other surprises – concealed courtyards providing a wide range of diversity both in terms of plant varieties and moods.

Grote middeleeuwse kloosterelementen

Kloosterlingen leefden geïsoleerd en waren zo veel mogelijk zelfvoorzienend, wat inhield dat men van de eigen opbrengst moest leven. Er waren (en zijn) dus altijd boomgaarden, weiden met vee, kruidentuinen en grote moestuinen. Extra waren luxe elementen zoals een overdekte wandelgang of een bloemenhof met planten vol christelijke symboliek. Ik zelf introduceerde daarbij nog het labyrint, dat symbool stond voor de moeilijke weg naar het heilige land. Dit alles werd met hagen en graspaden met elkaar verbonden, waarbij iedere ruimte een eigen sfeer en beplanting kreeg.

De blauwe tuin was het begin van de wandeling die ik voor de bezoekers van mijn eigen creatie had bedacht, gevolgd door de gele tuin. Daarna voerde de wandeling langs wild gras en weiden voor schapen en paarden. Een U-vormige allee van appelbomen met oude rozen volgde, waarna het labyrint opdook. Zo waren er nog vele verrassingen; omsloten hoven die volop variatie boden en alles wat men zich maar qua plantensferen kan voorstellen.

My Inspiration

History

While I was studying to be a landscape architect in Boskoop, lessons in the history of garden design were noticeable by their complete absence. It seemed there was some kind of fear that the impressionable future designers would be too strongly influenced by ideas of architects of gardens and/or buildings of the past. In spite of this, my interest was (fortunately) sparked by several articles written by Mien Ruys in the magazine *Onze Eigen Tuin* (Our Own Garden), which is still around to this day. Her husband, Theo Moussault, asked me to design gardens for this magazine and at the time I suggested that I could also write some articles about the history of gardens. The result was a series of articles about Roberto Burle Marx, the Brazilian garden architect, and about the wonderful Hermann Fürst von Pückler-Muskau who designed stunning landscaped parks in eastern Germany.

From that moment on, a whole world of new people, styles, materials and ideas opened up to me. I am still exploring this world today and it represents an endless source of inspiration for me. It has certainly helped to enrich my sense of expression and enabled me to add my own twist to the gardens I have designed.

Clients

One of the things I most enjoy about working with owners of homes and gardens is the direct contact I have with them. I am able to listen – always a good first step – and take a look around their homes, study the books in their bookcase and get a feel for their way of life so that gradually a picture emerges of what they expect from their garden. This often leads to me providing suggestions for the house too – the pool house, the garages, the stables, etc. – which are then passed on to architects or builders. People often adopt suitable roles leading to perfect team work – the lady of the house might choose the colours or the flowers while the man of the house will decide about the pool, stables, garage and tennis court. And let's not forget the financial aspect! This is obviously an important discussion point which fortunately ends well 99% of the time. It goes without saying that designing a beautiful garden does not come cheap nowadays but I do occasionally have my work cut out justifying the spend on the design and implementation of the plans – which I do with passion and conviction. It's another aspect of my work that I really enjoy.

Professional gardeners

A garden sits at the centre of a triangle formed by the clients and their wishes, the landscape architect and his design, and the professional gardener and his tools of the trade. In the last forty-odd years I have worked with many exceptional gardeners who have been able to solve all sorts of unforeseen problems, many of which they spotted at the design phase. Without them many of my ideas would have never got off the drawing board. The aim of a good professional gardener is to replicate the design as closely as possible in the actual garden, whilst maintaining a dialogue with both the client and the garden designer/landscape architect. He will discuss any problems in the first instance with the landscape architect to avoid alarming the client unnecessarily. Even after the garden is installed, a good professional gardener will remain involved with the garden as it matures and by doing his job so effectively he will build a loyal client base.

Architects

I regularly design gardens for sites which are in development, such as a new build or a renovation project, which means there is often an architect involved too. In that case it is useful to listen to their ideas and, assuming they are in line with my own vision, integrate them into the garden design. Sometimes the collaboration with architects goes so well that it evolves

Historie

Tijdens mijn toenmalige opleiding tot tuinarchitect in Boskoop was het opvallend dat er totaal geen les werd gegeven in de geschiedenis van de tuinkunst. Kennelijk bestond er een grote angst dat de nog ongevormde ontwerpers te zeer beïnvloed zouden raken door ideeën van vroegere tuinarchitecten en/of architecten. Toch werd, gelukkig, mijn belangstelling hiervoor gewekt door enkele artikelen die Mien Ruys schreef voor het blad *Onze Eigen Tuin*, een tuinblad dat overigens nog steeds bestaat. Haar man Theo Moussault vroeg mij tuinontwerpen voor dit blad te maken en zelf stelde ik toen voor om stukjes over tuinhistorie te schrijven. Dit resulteerde in verhalen over de Braziliaanse tuinarchitect Roberto Burle Marx en over de fantastische figuur Hermann Fürst von Pückler-Muskau. Laatstgenoemde legde prachtige landschappelijke parken aan in het oostelijk deel van Duitsland.

Vanaf dat moment opende zich een hele wereld van voor mij tot dan toe onbekende en ongekende figuren, stijlen, materialen en ideeën. Deze bron is tot op de dag van vandaag onuitputtelijk en biedt mij nog altijd enorm veel inspiratie. Zelf denk ik dat het mijn beeldtaal heeft verrijkt en een eigen aspect heeft toegevoegd aan de tuinen die ik heb ontworpen.

Opdrachtgevers

Een van de voordelen van het werken met huis- en tuineigenaren is het directe contact dat ik met hen heb. Door te luisteren, de eerste stap naar succes, en rond te kijken in hun huizen, het bestuderen van hun boekenkast, hun manier van leven, ontstaat telkens als vanzelf een beeld van wat zij verwachten van hun tuin. Bijzonder is dat bij mij dan vaak ook adviezen opborrelen over het huis, het poolhouse, de garages, de stallen, die dan door architecten en/of aannemers worden uitgewerkt. Zo kan er een ideale samenwerking ontstaan, waarbij mevrouw meestal gaat over de nieuwe kleuren en beplantingen en meneer over het zwembad, de stallen, garages en tennisbaan. En over de 'centen'! Dit is uiteraard ook een bron van discussie die gelukkig in 99% van de gevallen goed afloopt. Dat een fraaie tuin aanleggen tegenwoordig kostbaar is, hoeft geen uitleg. Dus moeten het ontwerp en de realisatie ervan met veel overtuiging door mij worden verdedigd. Een heerlijk onderdeel van dit vak, waar ik altijd weer naar uitkijk.

Hoveniers

Bij tuinen is er sprake van een drie-eenheid: de opdrachtgever met wensen, de tuinarchitect met het ontwerp en de hovenier voor de uitvoering. In de loop van mijn ruim veertigjarige carrière heb ik met veel bijzondere uitvoerders gewerkt. Zij wisten allerlei onvoorziene problemen op te lossen, die ze meestal al ontdekten op de uitgewerkte tuintekeningen. Zonder hen

zouden veel ideeën alleen op papier te bewonderen zijn geweest. Daarnaast beschikken goede hoveniers over de volgende kwaliteiten: hun doel is het zo exact mogelijk realiseren van het tuinontwerp, in voortdurende samenspraak met de opdrachtgever en de tuinontwerper-tuinarchitect. Problemen bespreekt hij als eerste met de tuinarchitect, om onrust bij de opdrachtgever te vermijden. Ook na de aanleg blijft een goede hovenier betrokken bij de ontwikkeling van de tuin.
Zo'n vakman zal keer op keer worden gekozen.

Architecten

Op een terrein waarvoor ik een tuinontwerp maak, is vaak een architect betrokken bij de nieuwbouw of verbouw van een woonhuis of een ander gebouw. Het is dan zaak om goed naar hun ideeën te luisteren en, indien ze overeenkomen met mijn eigen ideeën, ze te integreren in het tuinontwerp. Soms wordt de band met deze ontwerpers zo hecht, dat er vriendschappen ontstaan en ik hun privé-tuinen ontwerp. Zo ontwierp ik in Baarn voor architect Moolhuizen bij zijn moderne huis een tuin met vierkante vormen voor zitmuurtjes, een vijver en houten terrassen. Met architect Hooper en zijn vrouw werk ik nog steeds aan hun Brabantse tuin in Chaam bij Tilburg. Dit echtpaar kocht veel grond bij waardoor we het tuinverhaal telkens een nieuwe dimensie wisten te geven. Met architect Fierloos wordt nog steeds gewerkt en voor hem ontwierp ik zijn kantoortuin, overigens net zoals ik dat voor architect Hooper deed. Architect Westerbeek sleepte mij tientallen jaren mee naar zijn steeds weer andere huizen in Amsterdam en in Loenen aan de Vecht. De lijst zou eindeloos lang zijn als ik alle fantastische architecten noem die mij inspireerden: Bartijn uit Maastricht, Ruiter uit Almkerk, Kesenne uit Sint Truiden, Oosterhout uit Beuningen...

Reizen

Al jong realiseerde ik me dat reizen en kennismaken met nog onbekende architectuur, tuinen en landschappen een levenslange bron van inspiratie zou kunnen zijn. Dit resulteerde in het organiseren van tuinenreizen, samen met mijn partner Gerard Rakers en enkele bijzondere reisorganisaties. Zij hielpen me bij het organiseren van tuinreizen naar verre landen als Japan, China, Amerika, Brazilië en naar vele Europese landen waar bijzondere huizen, tuinen en musea te vinden zijn. De privé-ontmoetingen met de eigenaren, de lunches, de thee, de borrels, de muziek, zijn onvergetelijk. Ik leerde mensen kennen als Roberto Burle Marx, Rosemary Verey en Baronne Van der Elst. Deze contacten resulteerden in een enorme verbreding van mijn visie op het vak tuinarchitectuur en leerden me inzien dat maken van tuinontwerpen een combinatie kan zijn van kunst, muziek en architectuur.

into friendship and I end up designing the garden at their home too. This happened with the architect Moolhuizen living in a modern house in Baarn. I designed a garden with rectangular shapes functioning as seat walls, a pond and areas of wooden decking. I'm still working for and with architect Hooper and his wife on their garden situated in the village of Chaam, near Tilburg in Brabant. This couple has bought up a substantial amount of land over the years, so we are continually entering a new phase of their 'garden journey'. I'm also still working with the architect Fierloos having previously designed his office garden, as I did for the architect Hooper too. I have been involved in several projects for the architect Westerbeek over a couple of decades as he kept moving to various houses in Amsterdam and in Loenen on the River Vecht. If I were to try to name all of the fantastic architects who inspire me: Bartijn from Maastricht, Ruiter from Almkerk, Kesenne from Sint Truiden, Oosterhout from Beuningen... the list is endless.

Study-trips

I realised at a young age that travel and learning about new styles of architecture, gardens and landscapes would prove a life-long source of inspiration. This led to me organising a number of garden study-trips together with my partner Gerard Rakers and on behalf of a few specialised travel agencies who helped me to arrange trips to far-flung places such as Japan, China, USA, Brazil and many European countries, visiting unique houses, gardens and museums. The private meetings with the owners, the lunches, the high teas, the drinks, the music – it was all fantastic. I met many wonderful people including Roberto Burle Marx, Rosemary Verey and Baronne Van der Elst. All of these contacts contributed to an enormous broadening of my horizons with respect to landscape architecture and taught me that designing gardens can include aspects of art, music and architecture in various combinations.

Art

An eternal source of inspiration

The role of art

It is fantastic to witness how painters and sculptors capture reality in new, previously unseen shapes and forms. This ongoing process shows us that we can view the world in an infinite number of ways. It reassures other designers that they should not be afraid to go in quest of their own – as yet undefined – style. And that is why I continue to take such an interest in art in all its forms.

Photography

For those who struggle to express themselves in the form of paintings or sculptures, photography can be a great art form for capturing emotion and beauty. And photography can be considered an art form, as long as it is more than just a basic reproduction of reality. Having been a keen photographer for many years myself, I know how difficult it is to take a photograph capturing the real mood of what you see, and by that I mean what's beyond the picture. For me, this is the difference with painting, where one also gets a clear sense of the surroundings. I realised this limitation of photography when in a garden in Japan – I caught myself looking at everything through the lens and ignoring the bigger picture, which prompted me to take a break from photography for several years. When putting together my books I like to work with several different photographers for this very reason – each good photographer captures his own version of reality. And this is definitely the case with the following photographers who have worked on one or more of my books: Marijke Heuff, Kees Hageman, Marcel Malherbe, Philippe Perdereau, Piet Bekaert, Cees Roelofs.
The photographs in this book were taken by Cees Roelofs. Over the course of several years he photographed gardens that had evolved over a number of decades. Thanks to his keen eye for composition, light and shade, colour and detail, he is one of the best photographers around at the moment, adding his own sense of the world to the view seen through his lens. This is the third book we have collaborated on.

My own expressions of art

I spend as much of my time as possible drawing and painting, just for pleasure. It's almost like a lifelong addiction for me, this drive to reproduce reality as I see it using a pencil or watercolours. What is interesting is that you discover how buildings and landscapes work as you go along. As Cézanne once said: "Once someone has discovered that everything is made up of vertical lines, horizontal lines and curves, he can reproduce anything."

Kunst

een bron die nooit zal opdrogen

De rol van kunst

Het is geweldig om te zien hoe schilders en beeldhouwers de realiteit weten te vangen in een nieuwe, nog onbekende vorm. Deze voordurende beweging toont dat we met de werkelijkheid oneindig speels om kunnen gaan. Het laat andere ontwerpers zien dat ze nooit bang moeten zijn bij het zoeken naar eigen, nog onbekende vormen. Dat is het belang van het steeds opnieuw kijken naar kunst in al zijn verschijningsvormen.

Fotografie

Voor degene die zich niet door middel van schilderen of beeldhouwen kan uitdrukken, is fotografie een geweldige kunstvorm om gevoelens en schoonheid weer te geven. Want fotografie kan kunst worden als het meer is dan het uitsluitend op een platte manier weergeven van de realiteit. Persoonlijk ontdekte ik, na jaren intensief te hebben gefotografeerd, dat het moeilijk is de hele sfeer weer te geven van wat men voor zich ziet. Daarmee bedoel ik ook weer te geven wat buiten de foto aanwezig is. Dit is het verschil met veel schilderkunst; daar is de sfeer van het geheel wel voelbaar. Zelf ontdekte ik de beperking van foto's in een tuin in Japan. Ik betrapte mezelf erop alleen maar te zien wat zich binnen het kader van de lens bevond. Daarna hield ik vele jaren op met dit inkaderen van een groter geheel. Vandaar dat ik voor de boeken die ik maak, graag met andere fotografen werk. Iedere goede fotograaf geeft zijn eigen werkelijkheid weer. Dat heb ik ervaren bij de volgende fotografen met wie ik menig of slechts één boek maakte: Marijke Heuff, Kees Hageman, Marcel Malherbe, Philippe Perdereau, Piet Bekaert, Cees Roelofs. De foto's in dit boek zijn van Cees Roelofs. In de loop van enkele jaren fotografeerde hij tuinen die in een tijdsbestek van tientallen jaren zijn ontstaan. Zijn oog voor compositie, licht en schaduw, kleur en detail maken hem momenteel tot één van de meest vooraanstaande fotografen die een eigen wereld toevoegt aan hetgeen door zijn lens is te zien. Dit is al het derde boek dat we samen maken.

Mijn eigen kunstuitingen

Zonder enige pretentie teken en schilder ik zo veel mogelijk. Het is, denk ik, een levenslange verslaving om de werkelijkheid die ik zie, met waterverf en pen weer te geven. Het interessante is dat je ontdekt hoe gebouwen en landschappen zijn opgebouwd. Cézanne zei het al: "Wie eenmaal ontdekt dat alles uit verticalen, horizontalen en bogen is opgebouwd, kan alles weergeven."

Art and garden designs

Art, architecture and landscape design – as three symbiotic forms of creativity – have a huge influence on each other. It is ideal if the three unite to form a complete whole, as I discovered when designing two sculpture gardens which brought together all these forms of creativity in one entity. The garden at Interart Beeldentuin, two large farm-like buildings in Heeswijk-Dinther, has both landscape and formal elements. Taut modern lines create a strong sense of structure in the garden at 15a Gallery which is likewise situated in farm-like buildings in Lochem.

There are many art collectors in Belgium too. I spent several years helping such a family living in Sint Truiden with the design of their ever-expanding garden. I created places in the garden so that they could display their sculptures to maximum effect. At the entrance, for example, there is an impressive bronze statue by Arman. It is a woman playing the violin, made up of several vertical sections with space in between them. In combination with the buildings, designed by the architect Kesenne, the garden provides a calm backdrop. At the entrance a high wall made of the same bricks as the house encloses this garden which includes large green square cubes of *Taxus*, white-flowering roses and perennials.

Kunst en tuinontwerpen

De symbiose die bestaat tussen kunst, architectuur en tuinarchitectuur, maakt dat die drie vormen van creativiteit elkaar beïnvloeden. Ideaal is het als er een eenheid tussen die drie elementen ontstaat. Dit ontdekte ik bij het ontwerpen van twee beeldentuinen waar kunst, architectuur en tuinarchitectuur een nieuwe eenheid gingen vormen. Interart Beeldentuin in Heeswijk-Dinther heeft landschappelijke en formele elementen bij twee grote boerderij-achtige gebouwen. Galerie 15a in Lochem is ook al bij boerderij-achtige gebouwen gesitueerd, maar heeft een strakke moderne belijning in de tuin. Ook België heeft veel kunstverzamelaars. Bij een familie in Sint Truiden mocht ik vele jaren helpen bij het vormgeven van hun steeds groter wordende tuin. Dit hield in dat er ook ruimtes voor beelden werden gecreëerd. Zo staat er in de entreetuin een indrukwekkende bronzen sculptuur van Arman, die bestaat uit een vioolspelende vrouw. Dit beeld is zo versneden dat er vertikale delen met open ruimte ertussen is ontstaan. In combinatie met de door architect Kesenne ontworpen gebouwen vormt de tuin hierbij een rustige omgeving. Een hoge muur van dezelfde steen als het huis omsluit deze entreetuin, waar grote groene vierkanten van *Taxus*, witbloeiende rozen en vaste planten zijn aangeplant.

My own (private) gardens

Mijn eigen (privé)tuinen

At the moment I'm living in someone else's garden. By that I mean that the garden is still the same as it was when I moved in. It's an interesting garden, quite large, situated in the centre of the charming town of Middelburg which is full of many stately residences, of which my house is one. I make do with changing the planting scheme now and again and adding new terraces and (modern) statues. That's enough garden activity to keep me busy there for now.

My first garden

I acquired my very first garden when I was four years of age – I purchased a lilac tree for the price of 1 Dutch guilder. I gradually added more and more land from my parents' garden and I experimented with both wild and cultivated plants. Could that have sown the seeds for my budding career?

My garden in Amsterdam

After many years of searching I finally found two adjacent canal-side gardens that I wanted to work on. I compensated for the long narrow corridor shape of both these gardens by amalgamating them to form one single garden and creating a wooded area in the centre comprising bamboo, trees and ivy. Two formal flower gardens were situated beyond it. It is somewhat surprising that the garden is virtually unchanged after all this time. I used to open up this garden for public viewing when the antiques shops in the Spiegelstraat in Amsterdam held their expositions. Many more gardens joined in when I and the other initiators formed the foundation 'De Amsterdamse Grachtentuinen'.

A shared garden

My friend/client Wil Fruytier, an artist, allowed me to use part of the garden I designed for her as I saw fit. I invited my group of friends in Amsterdam to help me transform an overgrown orchard into a beautiful garden. There were ten of us at the outset. Many of my landscape gardener friends found it took up too much time, but in the end four of us still remained. After several years we had created a gorgeous garden full of plants I would never use again such as Hogweed *(Heracleum)*, Busy Lizzies *(Impatiens)* and Loosestrife *(Lysimachia punctata)*. We commissioned the artist Juke Hudig to capture the garden in pastels and the resulting pictures were published in the leading lifestyle magazine *Avenue*.

My allotment garden

Over the course of 15 years Gerard Rakers and I spent every weekend, and many an evening after a hard day at work, at our allotment. This garden shared the complex with around 20 other plots all tended by fervent gardeners. Our plot measured 300 m² and was on the outskirts of Amsterdam along the River Amstel. I had designed the garden to include as many high-maintenance elements as possible so as to always have something to do and to stop me getting bored. I wrote many books and articles there and designed many a garden. The trained apple and pear trees required a lot of attention as did the many climbing roses that grew there.

My labour of love: Hofstede Heuvelhof

After purchasing this 16th century homestead, I delved into its history only to discover that what appeared to be a farm was actually a former monastery with a wooden barn attached to it. This garden is based on the results of my extensive research into medieval gardens. It is discussed and illustrated in detail further on in this book. 'My' garden was altered somewhat after it was sold to the De Nooijer family, all enthusiastic gardeners/artists, but the main entrance and the medieval sense of things remained unchanged. The garden is still open for viewing: Hofstede Heuvelhof (Heuvelhof Gardens) in Zeeland.

Mijn eigen (privé)tuinen

Op dit moment leef ik in de tuin van iemand anders. Hiermee bedoel ik dat de tuin al bestond toen ik er ging wonen. De tuin is interessant: een grote stadstuin in een fraaie stad vol stadspaleizen, waarvan mijn huis er een mag zijn. Ik volsta door af en toe de beplanting te vervangen of weg te halen en er terrassen en beelden (modern) aan toe te voegen. In Middelburg kan zo volop worden getuinierd.

Mijn eerste tuin

Mijn eerste tuintje was een feit na de aankoop op vierjarige leeftijd van een seringenboom voor 1 gulden. Steeds meer grond annexeerde ik van de ouderlijke hof en ik leerde over wilde en gekweekte planten. Zou daar de eerste vonk zijn overgesprongen die tot mijn latere loopbaan leidde?

Mijn tuin in Amsterdam

Na jaren zoeken vond ik een tweetal naast elkaar gelegen grachtentuinen, die ik nogal wild inrichtte. De rechte, lange pijpenlavorm van elk van deze twee tuinen doorbrak ik door er één geheel van te maken met een bossig middendeel dat uit bamboe, bomen en klimop bestond. Erachter lagen twee formele bloementuinen. Na vele jaren is de tuin nog steeds in grote lijnen zo gebleven, wat verrassend is. Tijdens exposities van de antiquairs in de Amsterdamse Spiegelstraat opende ik deze tuin. Met de oprichting van de Stichting De Amsterdamse Grachtentuinen, waarvan ik één van de initiatiefnemers was, kwamen daar vele tuinen bij.

Een gemeenschappelijke tuin

Van kunstenares-opdrachtgeefster-vriendin Wil Fruytier mocht ik een deel van haar door mij ontworpen tuin naar eigen inzicht gebruiken. Ik vroeg toen aan Amsterdamse vrienden en vriendinnen of ze samen met mij een grote verwilderde boomgaard wilden omtoveren tot een mooie tuin. We begonnen met tien man en er bleven er uiteindelijk vier over. De rest, veel tuinarchitectenvrienden, vond het te veel werk. Na jaren werd het een prachttuin met allemaal planten die ik nu nooit meer zou gebruiken, bijvoorbeeld berenklauw *(Heracleum)*, de hoge springbalsemien *(Impatiens)* en puntwederik *(Lysimachia punctata)*. We lieten die tuin schilderen door Juke Hudig en publiceerden de pasteltekeningen in het toonaangevende lifestyle magazine *Avenue*.

Mijn volkstuin

15 jaar lang trokken Gerard Rakers en ikzelf ieder weekend en vaak 's avonds na een drukke werkdag naar onze volkstuin. Deze lag in een bijzonder complex met zo'n 20 tuinen van verwoede tuiniers. Onze tuin was 300 m² groot en lag vlak bij Amsterdam aan de rivier de Amstel. Ik richtte de tuin zo in dat er zo veel mogelijk arbeidsintensieve elementen in kwamen om altijd iets omhanden te

Hofstede Heuvelhof Baarsdorp

Hofstede Heuvelhof Baarsdorp

Amsterdam

Dry Clavers Middelburg

Deauville

Trouville

A miniature garden in Trouville

On a quest for a *maison pêcheur*, a fisherman's cottage, Gerard and I ended up in Trouville-sur-Mer in Normandy. I designed a miniature garden there and included the pink-flowering *Rosa* Queen Elizabeth which can easily grow to 3 or 4 metres high. There was a spacious terrace with a narrow strip in front of it containing two flowerbeds. In them I planted two laurels *(Laurus nobilis)* shaped as balls on stem. I added dwarf apple trees and all kinds of perennial herbs. The most successful of all was the lemon verbena which we used to make endless pots of tea. Close to the terrace I planted a fig tree and a divinely scented climbing jasmine.

The French garden in Deauville

There was a sad patch of gravel next to the mansion we owned in the town of Deauville in Normandy. Fortunately the four lime trees, charmingly gnarled, added a typically French air. The front garden was edged by a white fence with one small and two large gates (the previous owners, Parisians who had used it as a holiday home, had parked their car in the garden). To begin with I created a 1m-wide strip of fertile soil, 80 cm deep, on three sides. I planted pink-flowering hydrangeas, camellias and roses – that I could find at Truffaut, a major chain of French garden centres. The installation of the automatic system to water the plants every night was crucial in view of Deauville's origins as a swamp on the Atlantic coast – the soil type is sand that can be as dry as a bone in the summer. The camellias I bought were three metres high and flowered in December-January, just as the hydrangeas had finished, so there was always something in bloom in this pink-flowering garden. I chose this colour because the house was painted pink. 'Le gai logis' was its original name – was that the reason behind the colour, perhaps?

hebben en verveling te voorkomen. Veel boeken, artikelen en tuinen heb ik hier geschreven en ontworpen. De leiappels en -peren verlangden veel werk, net als de vele leirozen die hier groeiden.

Mijn levenswerk: Hofstede Heuvelhof

Toen ik na aankoop van deze 16e-eeuwse hofstede op onderzoek ging, bleek dat wat een boerderij leek in werkelijkheid een voormalig stenen klooster was met een aangebouwde houten schuur. Een studie naar middeleeuwse tuinen leidde tot de hoofdlijnen van deze tuin. Elders in dit boek wordt deze tuin uitgebreid besproken en in beeld gebracht. 'Mijn tuin' is na de verkoop ervan aan de enthousiaste tuiniers-kunstenaarsfamilie De Nooijer veranderd, maar de hoofdindeling en het middeleeuwse idee erachter bleven behouden. Men kan hem alsnog bezoeken: Hofstede Heuvelhof (heuvelhoftuinen) in Zeeland.

Een minituin in Trouville

Op zoek naar een *maison pêcheur*, een vissershuisje, belandde ik met Gerard in Trouville sur Mer, Normandië. Hier legde ik een minituin aan, met de zeker 3 tot 4 meter hoge, roze bloeiende *Rosa* Queen Elizabeth. Er bevond zich een ruim terras met daarvóór een smalle strook met twee plantvakken. Ik zette er twee op stam gesnoeide bolvormige laurierbomen in: *Laurus nobilis*. Ik kocht leiappels en alle vaste kruiden, met als grootste succes de verveine waarmee we eindeloos veel thee maakten. Dicht bij het terras werd een vijg geplant en een heerlijke geurende, vaste klimjasmijn.

De Franse tuin in Deauville

Bij het herenhuis dat we in de Normandische stad Deauville bezaten, lag een troosteloze grindvlakte. Positief echter waren de vier linden, die mooi geknot voor een echt Frans tintje zorgden. Langs de straat bevonden zich een wit houten hek en één kleine en twee grote poorten (de vorige eigenaars, Parijzenaars die het als vakantiehuis gebruikten, zetten hun auto in de tuin). Ik begon met langs drie kanten goede grond aan te laten brengen in een strook van zo'n 80 cm diep en 1 meter breed. Daarin plantte ik roze bloeiende hortensia's, camelia's en rozen, die ik bij Truffaut, een grote Franse tuincentrumorganisatie, kon vinden. Essentieel was de aanleg van een automatisch sproeisysteem dat elke nacht de beplanting nat hield. Dit was belangrijk, omdat Deauville ooit een moeras aan de Atlantische kust was. De grond ervan bestaat uit arm zand dat 's zomers gortdroog kan zijn. De camelia's die ik kocht, waren drie meter hoog en gaven meteen de eerste bloei in december-januari, net nadat de hortensia's waren uitgebloeid. Altijd bloei was er in deze roze bloeiende tuin, een kleur die ik koos omdat ons huis ook roze van kleur was. Le gai logis heette het oorspronkelijk. Vandaar die roze kleur?

Middelburg

My bureau
The Arend Jan van der Horst Landscape Architecture Bureau

When I started my own landscape architecture bureau, I soon discovered how important it is to surround oneself with inspiring people. We worked with just such a team of people in Amsterdam, co-ordinated by our no-nonsense but amiable secretary, Riquette Guepin.
In all my years spent creating garden designs and planting schemes, many good designers have assisted me at my bureau.
Not a lot has changed since then: nowadays, I work with a loyal team of two respected landscape architects – Marjanka Rijk and Rik Koppejan – who, along with Ingrid Filius and myself, ensure that all the work is completed satisfactorily. This fruitful collaboration with them is one of the secrets of my success. The other is that it still brings me immense joy when new clients approach me asking me to design a new garden for them.
And the thrill of seeing a design transformed into reality – that's something I experience time and time again in The Netherlands, Belgium, France and Germany, where the majority of 'my' gardens can be found.

Baarsdorp

Mijn Buro
Tuinarchitektenburo Arend Jan van der Horst

Toen ik mijn eigen tuinarchitektenburo begon, ontdekte ik al snel dat men zich moet omringen met medewerkers die stimulerend zijn. In Amsterdam was er zo'n een vaste ploeg mensen, met een assertieve en toch vriendelijke secretaresse, Riquette Guepin. Vele goede tekenaars passeerden mijn bureau, waar ik zelf steeds ontwerpen en beplantingsplannen bleef maken.
Er is niet veel veranderd sindsdien: Nu werk ik weer met een hecht team bestaande uit twee volleerde tuinarchitecten, Marjanka Rijk en Rik Koppejan, die samen met Ingrid Filius al het werk samen met mij tot een goed einde brengen. Een vruchtbare samenwerking met hen is één van de geheimen van mijn succes. Het andere is het plezier dat ik altijd weer beleef als er nieuwe opdrachtgevers komen en voor hen nieuwe tuinen ontworpen moeten worden. Dat ook de uitvoering van de ontwerpen een feest kan zijn, ervaar ik keer op keer in Nederland, België, Frankrijk en Duitsland, waar het merendeel van 'mijn' tuinen gelegen is.

Amsterdam

Gardening Study-Trips

Tuinreizen

Mien Ruys was the first person to organise gardening study-trips in the Netherlands, namely for the readers of the magazine *Onze Eigen Tuin* ('Our Own Garden'). I can remember my parents once going on one of her trips to England – a country that epitomises gardening. As well as to England, there were also trips to France and Italy. The first study-trip I organised myself, together with my partner Gerard Rakers, took us to France. In addition to visiting the gardens, the social aspect was very important too. Whilst in Biot in the South of France, for example, we enjoyed not only admiring the Mediterranean borders but also a relaxed afternoon tea hosted by Baronne Van der Elst at his Haut Julien residence. In the early 1980s we only organised trips within Europe – it took many years before we added destinations further afield – and we normally organised three trips
per year. I only did about three trips for *Onze Eigen Tuin*. I was bitten by the travel bug and full of creativity, so I left to set up my own trips, together with Gerard, which we did on behalf of the KNAC-Pullmannclub in The Hague. Rob Schaab, my contact there, then set up Natuur-Cultuurreizen ('Nature & Cultural Trips') in 1983 for the Holland Travelservice taking the gardening study-trip business (and me!) with him. At the same time, I was accompanying trips for Academische Reizen ('Academic Travel') based in Rotterdam – because even in those days, I needed that feeling of freedom and independence.

Being a tour guide was a great way for me to get to see a lot of my contemporaries and the world. I visited Japan five times in all and the sublime standards of garden design there made a huge impression on me. I have filled many a sketchbook with drawings of the wonderful gardens I have seen there, the distinct colours and shapes of that 'strange new world'. Whatever the country, I have always been interested in more than just the gardens. Then, as now, I found the culture, the people, the completely different way of life equally fascinating. When I was putting a study-trip together I always did a dry run, visiting the gardens I had chosen and familiarising myself with the surrounding area. A good tour guide should always know more than the rest of his group! Rob Schaab allocated a budget for these dry runs and for someone like me, a landscape architect with limited funds, it was the perfect way to see a lot of the world on a shoestring. Gerard wrote to owners of gardens and museums and managers of country estates: "Could we possibly view your garden?", "Who would be able to show us around?" and "Could you by any chance lay on a wonderful lunch for us?"
We then went to check them out, sometimes joined by Patsy Schrijver if we were travelling to America or Pat van de Wall Bake for a trip to culinary France. We then returned, fully prepared, with an enthusiastic group of connoisseurs in tow. I look back on that time up until 1995 as 15 glorious years of numerous successful study-trips.

During my time as a tour guide I was frequently caught unawares by questions about places and plants. I would often get up at 5 in the morning to read up on the answers so that I could share my new-found knowledge with the rest of the group over breakfast. Organising study-trips was an interesting and exciting time and I definitely learned a lot. But it was also quite demanding and I began to feel the pressure of having to find other impressive gardens that merited a visit which were inevitably increasingly further afield. The extensive preparations were very time consuming which was all valuable time that I could otherwise have spent on designing gardens. Other travel companies got wind of our success and started organising their own 'special' gardening study-trips. There was a world of difference in terms of the quality of the experience – they didn't visit country estates that were normally closed to the public or arrange to be greeted by the owner, there were no trips to concerts or lectures by architects included in the programme. Eventually I decided I needed to focus on designing

Als eerste in Nederland organiseerde Mien Ruys tuinreizen, en wel voor de lezers van *Onze Eigen Tuin*. Ik herinner me nog dat mijn ouders een keer meegingen op zo'n reis naar Engeland, het tuinenland bij uitstek. Behalve naar Engeland gingen de reizen ook naar Frankrijk en Italië. Mijn eerste zelf georganiseerde tuinenreis voerde mij naar Frankrijk, samen met mijn partner Gerard Rakers. Behalve het bezoeken van tuinen speelde het sociale aspect een grote rol. Zo genoten we in het Zuid-Franse Biot behalve van de wandeling langs de mediterrane borders op het domaine Haut Julien bij baronne Van Der Elst van een ontspannende theevisite. In de vroege jaren tachtig werden alleen reizen binnen Europa georganiseerd. Verdere bestemmingen volgden pas veel later. Jaarlijks gingen wij drie keer met groepen tuinliefhebbers op pad.
Ikzelf maakte voor *Onze Eigen Tuin* een reis of drie. Mijn creativiteit en reisdrift bleken echter te groot. Samen met Gerard ben ik toen zelf reizen gaan opzetten voor de KNAC-Pullmannclub in Den Haag. Rob Schaab, mijn contactpersoon daar, zette in 1983 de Natuur-Cultuurreizen op voor Holland Travelservice en nam de tuinreizen (en mij) met zich mee. Daarnaast verzorgde ik ook de reisbegeleiding voor Academische Reizen in Rotterdam. Want ongebondenheid en vrijheid in keuze stonden en staan bij mij nog altijd hoog in het vaandel.

Als reisleider kon ik op een zeer aangename manier veel van mijn métier en van de wereld zien. Zo reisde ik maar liefst vijf keer naar Japan, waar ik zeer onder de indruk raakte van de hoogstaande tuinkunst. Vele boekjes heb ik vol geschetst met de typische vormen en kleuren die me opvielen in deze voor mij vreemde, geheel nieuwe wereld.

Mijn belangstelling is altijd verder gegaan dan alleen naar tuinen. Ook de cultuur, de mensen, de volkomen andere manier van leven boeiden en boeien me enorm. Ter voorbereiding van mijn tuinreizen bezocht ik altijd van tevoren de geselecteerde tuinen en verkende ik uitgebreid de omgeving. Want een goede reisleider weet altijd méér dan zijn reisgenoten. Rob Schaab had een budget om vooraf te reizen. Voor mij, als niet zo rijke tuinarchitect, was dit de ideale manier om voor weinig geld veel van de wereld te zien. Gerard schreef brieven aan tuineigenaren, museumdirecteuren of beheerders van landgoederen: "Mogen we de tuin zien?", "Wie kan ons ontvangen?" en "Kunt u een bijzondere lunch

and writing. I put an end to my activities as a tour guide, moved abroad, first to Antwerp and then on to Trouville and Deauville. That marked the start of a new era, both in my life and in my work – with the gardens that I created there, and am still designing to this day.

verzorgen?" We gingen voorproeven, soms met Patsy Schrijver voor reizen naar Amerika of met Pat van de Wall Bake voor het culinaire Frankrijk. Om daarna goed gedocumenteerd terug te komen met een groep, die veelal bestond uit kenners vol doortastend enthousiasme. Zo verliepen tot 1995 vijftien glorieuze jaren vol succesvolle reizen.

Als reisleider leerde ik veel van de onverwachte vragen over plaatsen en plantjes. Ik stond vaak al om vijf uur op om me in te lezen, om aan het ontbijt fris de antwoorden te hebben voor de uitgeslapen deelnemers. Het organiseren van tuinreizen is hoogst leerzaam en spannend. Er wordt veel van je gevraagd. Daar kwam nog eens de voortdurende zoektocht bij naar nieuwe, kwalitatief hoogstaande tuinen, en wel in landen steeds verder van huis. De uitgebreide voorbereiding onttrok veel werkzame uren aan de tijd die ik anders had kunnen besteden aan het maken van tuinontwerpen.

Andere reisorganisaties, die het succes van de tuinreizen opmerkten, begonnen ook 'speciale' tuinreizen aan te bieden. Zij deden dat op een aanzienlijk minder exclusief niveau. Bij hen geen bezoeken aan gewoonlijk gesloten landgoederen en een ontvangst door de eigenaar, geen concertjes of lezingen van architecten. Er kwam voor mij het moment om de bakens te verzetten en me te concentreren op ontwerpen en schrijven. Ik stopte met het reisleiderschap, verhuisde naar het buitenland, eerst naar Antwerpen, daarna naar Trouville en Deauville. Dit vormde het begin van een nieuwe fase, zowel in mijn leven als in mijn vak, met tuinen die ik daar creëerde en die ik nog altijd ontwerp.

Tuin De Walenburg

Tuin De Walenburg

Saving gardens under threat
Another labour of love

A couple of times – with the support of many other people – I have been able to step in to save neglected gardens or gardens under threat. The first time, I set up a foundation 'De tuinen van Mien Ruys' (Mien Ruys's Gardens) which to this day still maintains and ensures the public have access to the wonderful formal gardens created by this Dutch landscape architect. The second venture entailed setting up the 'Nederlandse Tuinenstichting' (Foundation for Dutch Gardens) which researched and documented the work of all the major landscape architects in The Netherlands as far back as 1850, photographing any gardens and parks which still survived and publishing these pictures in a book. The aim of this foundation is to preserve as much as possible of what still remains for future generations to enjoy, whilst also providing support to potential future owners of noteworthy gardens who wish to restore them to their former glory.

Garden 'De Walenburg'

On behalf of the 'Nederlandse Tuinenstichting' I have spent 15 years managing one of The Netherlands' most interesting gardens: those in the grounds of the medieval Walenburg castle. It is a romantic garden designed jointly by an architect and a landscape architect. An abundance of roses and perennials, it has definitely had a strong influence on me.

Foundation 'De Amsterdamse Grachtentuinen'

This foundation researched the gardens along the canals in Amsterdam and published the findings in a number of books. The foundation arranges for many gardens, some of them private, to be opened for public viewing, including the garden at the Bijbels Museum on the Herengracht, a garden that I designed and that I like to keep an eye on. The foundation has long ago achieved its aim of giving these gardens an extra boost and it is a joy to see how these gardens are now preserved, re-laid, tended and admired.

The open gardens in Zuid-Beveland, Zeeland

There are many ways in which any of us can organise gardening events on a small scale. You can start for example by opening three or four gardens for public viewing – just three days per year is enough – and you can gradually increase the number of gardens. This is exactly what happens in Zuid-Beveland. Anyone, whatever kind of house they live in, can get out there to create and maintain their own garden and in doing so be a source of inspiration to those who come to admire their achievements.

Het redden van bedreigde tuinen
Nog een levenswerk

Enkele keren kon ik, met de hulp van vele medestanders, iets doen om verwaarloosde of bedreigde tuinen te redden. De eerste keer deed ik dat door een stichting op te richten, De tuinen van Mien Ruys, die nog altijd de zeer mooie modeltuinen van deze Nederlandse tuinarchitect onderhoudt en openstelt. De tweede keer werd de Nederlandse Tuinenstichting opgericht. Deze heeft het werk van alle belangrijke tuinarchitecten sinds 1850 bestudeerd. Hun tuinwerk, de tuinen en parken die nog over zijn, zijn inmiddels geïnventariseerd, gefotografeerd en in boekvorm vastgelegd. Doel is zo veel mogelijk van wat nog over is, te behouden voor het nageslacht. De stichting is er ook voor toekomstige bezitters van zo'n tuin, die hem willen restaureren.

Tuin De Walenburg

15 jaar lang heb ik voor de Nederlandse Tuinenstichting toezicht gehouden op één van Nederlands interessantste tuinen: die bij het middeleeuwse kasteel Walenburg. Een door een architect en een tuinarchitect ontworpen romantische tuin vol rozen en vaste planten, die mij sterk beïnvloed heeft.

Stichting De Amsterdamse Grachtentuinen

Deze stichting onderzocht de tuinen langs alle grachten van Amsterdam en gaf hierover boeken uit. De stichting stelt nog steeds vele (privé)tuinen open, waaronder die van het Bijbels Museum aan de Herengracht, een tuin die ik ontwierp en waarop ik nog met enige regelmaat toezicht houd. Het doel van deze stichting, tuinen een nieuwe impuls geven, is bereikt en met nieuw elan blijven deze tuinen behouden; ze worden opnieuw aangelegd, onderhouden en opengesteld.

De Zuid-Bevelandse Open Tuinen, Zeeland

Er zijn vele mogelijkheden voor ieder van ons om op kleine schaal iets met tuinen te organiseren. Zo kan men beginnen met het openstellen van drie à vier tuinen voor publiek. Een drietal dagen per jaar is voldoende en al doende komen er vaak meer tuinen bij. Zo ook in Zuid-Beveland. Iedereen kan, waar men ook woont, iets doen om zichzelf te stimuleren tot het creëren en onderhouden van de eigen tuin en zo anderen, de bezoekers, inspireren.

Books

Every enthusiast is keen to share his knowledge and experiences with others, whatever the subject. This can be done by giving lectures and presentations, appearing on television or by writing articles or books. With Dineke van Raalte, for example, I worked on a television series about gardens and plants and on a text book too.

Lots of my books covered modern landscape architecture but I always included some history too. In the book *Speelse symmetrie*, for example, I demonstrated that something from the past, in this case symmetry, can still be used in modern gardens. In *25 eeuwen tuinkunst* I illustrated how, even today, gardening ideas from bygone times can form the starting point for a new garden. In the book *Hortus Spiritualis*, published together with Rob Docters van Leeuwen, spirituality from cultures dating back thousands of years emerged as a source of inspiration. Since then there have been many books about ponds, decoration and various gardens, such as the book *Tuinen van Vlaanderen*.

I put together the book *Keukenhoven* illustrating noteworthy gardens at hotels and restaurants in The Netherlands and Belgium after noticing that some of these establishments had particularly distinctive gardens. In the book *Boerderijtuinen* I described the expansive creations that have been designed for residential farms. My frequent trips to Japan and two visits to China resulted in a book called *Japanse tuinen* covering both Japanese and Chinese gardens. And together with two co-authors I worked on the book *De tuinen en landschappen van Zeeland* about Zeeland – the province I now call home.

Anyone who enjoys writing will recognise the desire to write something new every so often. It's the best way to improve the standard of gardening – much better and more constructive than criticising and ridiculing gardens that disappoint.

Boeken

Iedereen die enthousiast is over zijn vak, wil er graag over vertellen. Dit kan door lezingen aan de hand van bijvoorbeeld dia's, door artikelen, door televisie en door boeken te schrijven. Voor de televisie maakte ik samen met Dineke van Raalte een serie over tuinen en planten en een studieboek.

Veel boeken gingen over moderne tuinarchitectuur, maar de historie werd nooit vergeten. Zo liet ik in het boek *Speelse symmetrie* zien dat iets uit de historie, namelijk symmetrie, ook heel goed gebruikt kan worden in moderne tuinen. In *25 eeuwen tuinkunst* toonde ik hoe ideeën uit soms lang vervlogen tuinen ook nu nog het uitgangspunt kunnen vormen voor een nieuwe tuin. In het boek *Hortus Spiritualis*, dat ik samenstelde met mede-auteur Rob Docters van Leeuwen, kwam spiritualiteit uit nog bestaande oude culturen naar voren als bron van inspiratie. Daarnaast volgden vele boeken over vijvers, decoratie en andere tuinen, zoals het boek *Tuinen van Vlaanderen*.

Toen ik merkte dat bij restaurants en hotels zich soms fraaie tuinen bevonden, ontstond het boek *Keukenhoven*, met bijzondere restaurants-hotels en hun tuinen in België en Nederland. In het boek *Boerderijtuinen* beschreef ik de ruime creaties die men bij door burgers bewoonde boerderijen heeft aangelegd. De vele reizen naar Japan en de twee reizen naar China resulteerden in een boek over de *Japanse tuinen*, dat zowel over de Japanse als de Chinese tuinen gaat. Over de provincie waar ik nu woon, Zeeland, ontstond met twee mederedacteurs het boek *De tuinen en landschappen van Zeeland*.

Wie van schrijven houdt, zal na verloop van tijd steeds weer iets willen vertellen. Het is de beste manier om het niveau van tuinieren te verbeteren – beter en veel positiever dan met afschuw te spreken over de tuinen die men niet waarderen kan.

Landscape gardeners and other companies

Hoveniers en andere bedrijven

Acknowledgements

Dankwoord

An alphabetical list of the landscape gardeners and other companies involved in turning the garden designs into reality

De bij de tuinrealisaties betrokken (hoveniers)bedrijven – in alfabetische volgorde

- Aquaco bv - specialist in water, Elst
  www.aquaco.nl
- Batenburg de Hovenier, Oud-Beijerland
  www.batenburgdehovenier.nl
- Bos watertechniek & beregening, Twello
  www.boswatertechniek.nl
- Bos zwembaden en wellness, Twello
  www.boszwembaden.nl
- Brussaard Hoveniersbedrijf, Oud-Beijerland
  www.brussaardhoveniers.nl
- Cornilly parket, Moerkerke (B)
  www.cornilly.be
- De Peppelhoeve, Sint Oedenrode
  (destijds met Cees Olislagers als eigenaar)
- Eurogroen, Groenlo
  www.eurogroenlo.nl
- Florack, Cadier en Keer
  www.florack.nl
- Fullservice Hoveniersbedrijf Boumans, Almere
  www.boumanshoveniers.nl
- Grondig Groen, Voorschoten
  www.grondiggroen.nl
- Hamelandgroep Hacron, Lievelde
  www.hameland.nl
- Hintemann Pflanzencenter, Stadtlohn (D)
  www.hintemann.de
- Hofboom bv, Dongen
- Hoveniersbedrijf J.J.M. van der Hulst, Noordwijkerhout
- Hoveniersbedrijf Ton Schumacher, Lijnden
- H4A Groen, Axel
  (voorheen Groenvoorziening Den Doelder bv)
  www.h4a.nl
- Ketelaars Tuinservice, Nistelrode
- Kwekerij De Limieten, Huizen
  www.limieten.nl
- Langenhuizen Handelskwekerij, Loosbroek
  www.langenhuizen.eu
- Langenhuizen Hoveniers, Heeswijk-Dinter
  www.langenhuizengroenbedrijven.nl
- Mandersloot Groenvoorziening, Woudenberg
- Marijke Janssen – exclusieve tuinmeubelen, Oss
  (bestaat niet meer)
- Marcel Wittenberg, Oss

- Meeuwis de Vries Hoveniers, Eerbeek
  www.meeuwisdevries.nl
- Mennega loonbedrijf, Eext
- Moelker Hoveniers, Ellemeet
  www.moelkerhoveniers.nl
- Pekaar bestratingsmaterialen, Yerseke
  www.pekaar.com
- Piet Carrein NV, Hasselt (bestaat niet meer)
- Pouwelse Tuinen, Vlissingen
  www.pouwelsetuinen.nl
- René Schutte Hoveniersbedrijf, Giessen
  www.reneschutte-hoveniersbedrijf.nl
- Smederij Thijs van den Helm, Sint Michielsgestel
- Solitair boomkwekerij, Loenhout (B)
  www.solitair.be
- Spinzen Planten Kwekerij, Hasselt (bestaat niet meer)
- Tuincentrum Margriet - Intratuin Rosmalen
  (voormalig gevestigd in Vught)
  www.intratuin.nl
- Van den Berk Boomkwekerijen, Sint Oedenrode
  www.vdberk.nl
- Verhulst Beplantingswerken bv, Dongen
  (bestaat niet meer)
- Verstraten-Walhout Tuincentrum Hoveniersbedrijf, Middelburg
  www.verstratenenwalhout.nl
- Victor Roosen Bijzondere Tuinen, Oisterwijk
  www.victor-roosen.nl
- Zeeuwse Rozentuin, Kats
  www.zeeuwserozentuin.nl

I would like to express my thanks to everyone who helped to put this book together:
- **First and foremost, my clients** who allowed their gardens to be photographed.
- **Gerritjan Deunk,** the garden writer and graphic designer who wrote down the story of my life.
- **Cees Roelofs** – the photographs speak for themselves, each and every one of them is fantastic.
- **Publisher TerraLannoo** who produced this book, which in itself was a huge reassurance to me.
- **De Heeren van Vonder** for the wonderfully tasteful design of this book.
- **All of the staff at my bureau** – without them, this book would never have materialised. It was a daunting task preparing all of the text and drawings for publication.

And so we add another branch to my tree of life, and may it continue to grow for many years to come.

Mijn dank gaat uit naar allen die meehielpen bij de totstandkoming van dit boek:
- **Als eersten de opdrachtgevers,** die toestonden dat hun tuinen werden gefotografeerd.
- **Gerritjan Deunk,** de groenauteur en graficus die mijn levensverhaal in woorden vastlegde.
- **Cees Roelofs,** van wie de foto's voor zich spreken; ze zijn zonder uitzondering van hoge kwaliteit.
- **Uitgeverij Terra Lannoo,** die dit boek produceerde, hetgeen voor mij een geruststellende gedachte was.
- **De Heeren van Vonder,** die met veel smaak en kunde de vormgeving hebben gedaan.
- **De medewerkers van mijn Buro:** zonder hen zou dit boek er niet geweest zijn. Alle teksten, tekeningen uitzoeken en geschikt maken voor publicatie was een grote klus.

En zo is er weer een blad aan mijn levensboom toegevoegd, die naar ik hoop nog wat door zal groeien.

Colophon

Colofon

Photography credits

All the photographs in this book have been taken by Cees Roelofs with the exception of:
• the close-ups at the beginning of each chapter – by Wouter van Nieuwland
• the photograph on page 4 – by Wil van Weele
• the photographs on pages 86 and 87 – by Julia Voskuil
• the photographs on frontcover and pages 183, 184 and 185 – by Arend Jan van der Horst

The sketches and paintings in this book have all been done by Arend Jan van der Horst.

© 2010 Uitgeverij Terra Lannoo B.V.
P.O. Box 614, 6800 AP Arnhem, The Netherlands
info@terralannoo.nl
www.terralannoo.nl
Uitgeverij Terra is part of the Lannoo group, Belgium

Editor: Arend Jan van der Horst
Photography: Cees Roelofs
Design: De Heeren van Vonder, Eindhoven
Printed and bound: Printer Trento, Trento (Italy)

ISBN 978-90-8989-043-6
NUR 425

Fotoverantwoording

De foto's in dit boek zijn gemaakt door Cees Roelofs, met uitzondering van:
• de detailfoto's aan het begin van elk hoofdstuk: door Wouter van Nieuwland
• foto p. 4: door Wil van Weele
• foto's op p. 86 en 87: door Julia Voskuil
• foto's voorzijde omslag en p. 183, 184 en 185: door Arend Jan van der Horst

De schetsen en aquarellen in dit boek zijn van de hand van Arend Jan van der Horst.

© 2010 Uitgeverij Terra Lannoo B.V.
Postbus 614, 6800 AP Arnhem
info@terralannoo.nl
www.terralannoo.nl
Uitgeverij Terra maakt deel uit van de Lannoo-groep, België

Tekst: Arend Jan van der Horst
Fotografie: Cees Roelofs
Vormgeving: De Heeren van Vonder, Eindhoven
Druk- en bindwerk: Printer Trento, Trento

ISBN 978-90-8989-043-6
NUR 425